JN217431

戸田智弘

座右の寓話（ざゆうのぐうわ）

ものの見方が変わる

Discover

はじめに

寓話という言葉を『第六版　新明解国語辞典』（三省堂）で引くと「登場させた動物の対話・行動などに例を借り、深刻な内容を持つ処世訓を印象深く大衆に訴える目的の話」と書かれている。イソップ寓話や仏教寓話、荘子の寓話などが代表的なものである。

本書ではこういう寓話に加えて、聖書で語られるイエスのたとえ話、道話（人の行うべき道を説いた話）、逸話、笑い話、民話、昔話なども取り上げている。何らかの教訓を読みとることができれば、それは広い意味で寓話だと解釈した。

寓話の目的は教訓や真理を伝えることであり、お話そのものはそれらを届けてくれる〝運搬手段〟である。別の言い方をすると、寓話においては教訓や真理こそがその核であり、お話はそれらを包みこむ〝外皮〟である。

なぜそのような二重構造をとるのか。教訓は苦く、真理は激しいので、そのままでは食べられない。ならば、楽しいお話で教訓や真理を包んで読者に届けようというわけだ。教訓や真理は抽象的であるのに対して、お話は具体的で動きを持っている。寓話の読み手や聞き手は登場人物や動物と同化し、お話の中に巻き込まれていく。面白さに気をとられているうちに、いつの間にか人間や世界、人生についての認識が深まっていくのである。

心理学者のジェローム・ブルーナーは著書『可能世界の心理』（みすず書房）の中で、人間が持っている思考様式として、「論理・科学様式」（理屈で説明する方式）と「物語様式」（物語で説明する方式）の二つがあると述べている。両者はお互いに補い合っており、どちらか一方が他方よりも優れているわけではないと言う。

哲学者のプラトンは対話篇『ティマイオス』（『プラトン全集12』岩波書店）において、宇宙全体の生成過程を明らかにするというような超人間的な問題に関しては、厳密かつ合理的な言論を展開することは困難なので「ありそうな物語」を受け入れるにとどめることをよしとした。理屈による厳密な思索によって踏み越えられない問題について、人間が依拠できる唯一の手段が物語であると彼は考えたようだ。

私は本書を「学校の授業」や「会社の朝礼」で使える話材としてまとめた。したがって、長い寓話は二分程度で話せるような内容に要約してある。また、分かりにくい言葉は、耳で聞いて理解できる簡明な表現に直し、漢字や仮名づかい、文体、改行位置などを改めた。

　多くの寓話ではお話の最後に短い教訓が添えられているが、本書では一部の例外を除いて教訓は敢えて省き、解説のところで示すようにした。お話と教訓を一体のものとして読み手や聞き手に差し出すと、どうしても押しつけがましくなると考えるからだ。お話と教訓の間に〝間〟を入れることで、読み手や聞き手が「このお話は何を伝えようとしているのだろうか？」と自由に思考を巡らすことができる。


　本は二種類に分かれる。一つは自分に何かを教えてくれる本、もう一つは自分が何かについて考えるための材料を与えてくれる本だ。私は本書をつくり込んでいく過程で、古今東西の寓話の面白さを再発見した。同時に、その寓話を一つの材料としながら、さまざまなことを考えた。お話の後に添えられた文章を読んでいただければ、「著者の私が、その寓話を材料にどんなことを考え、どんなことを連想した」かが分かるだろう。

　もちろん、私の視点や解釈が正解というわけではない。それは、一つの視点、一つの解釈にすぎない。

　本書が、寓話の面白さを知るとともに、自分の仕事や人生、地域・国・世界の進むべき道について考える一つの手がかりになれば、幸いに思う。

著者記す

本書に収録した寓話は、巻末に掲載した資料を出典元としていますが、読みやすくするため、一部表記・表現の改変などを行っています。また、原典には現代では差別用語、あるいは差別的とされる表現も含まれていますが、これらはそのままの引用といたしました。

目次

第1章 視点と視野と視座

第2章 幅広い認識としなやかな思考

第3章 思慮深さと正しい判断

第4章 聡明さと創造的な仕事

第5章 強い組織の精神

第6章 働く姿勢と働く意味

第7章 正義の心と共同体

第8章 科学技術と社会の関わり

第9章 人生の道理と「有り難う」

第10章 欲望との付き合い方

第14章 生と死のつながり

第15章 どんなときでも「ものは考えよう」

第1章

視点と視野と視座

№01

六人の盲人と象

ある日、六人の盲人が象を触ってその正体を突きとめようとした。

一人目の盲人は象の鼻に触り、「象とはヘビのようなものだ」と言った。

二人目の盲人は象の耳に触り、「象とはうちわのようなものだ」と言った。

三人目の盲人は象の足に触り、「象とは木の幹のようなものだ」と言った。

四人目の盲人は象の胴体に触り、「象とは壁のようなものだ」と言った。

五人目の盲人は象のしっぽに触り、「象とはロープのようなものだ」と言った。

六人目の盲人は象の牙に触り、「象とは槍(やり)のようなものだ」と言った。

それから、六人の盲人たちは長いこと大声で言い争い、それぞれが自分の意見を譲らなかった。

視野を広げ、多面的に物事をとらえよう

盲人それぞれが触ったのは、象の身体の一部分にすぎない。それにもかかわらず、それぞれの盲人は、その一部分こそが象の正体だと思いこみ、現場は大混乱に陥っている。

私たちはこの盲人たちを笑えない。というのも、私たちは物事や人物の一部分だけを理解して、それが物事や人物のすべてだと錯覚してしまうことがままあるからだ。

しかし、神ではない人間が把握できるのは全体の一部にすぎないのだから、「木を見て森を見ず」状態に陥るのは、ある意味で仕方ないともいえる。それでも、できるだけ一面的にならずに、多面的な視点で物事や人物をとらえること、すなわち視野を広げることを意識する必要がある。

ここで大急ぎでつけ加えておこう。もちろん、一つの視点よりも六つの視点を持つことは重要だ。しかしながら「**部分の総和は必ずしも全体にはならない**」ことを忘れてはいけ

ない。全体的な視野での観察というのは、個別観察の線形的な集計からは決して出てこない。全体的な視野での観察とは、日本語で言うところの「イメージ」みたいなものだ。イメージとは心の中に描き出される像で、全体的な感じや印象を意味する。

ここで、犯罪捜査に活用されるモンタージュ写真と似顔絵の違いを考えてみよう。

モンタージュ写真は、目撃者に犯人の顔の輪郭や髪型、眉、目、鼻、口などを思い出してもらい、それらによく似た（と目撃者が記憶している）各パーツの写真を合成して一つの顔写真とすることにより作成される。みなさんも三億円事件やグリコ森永事件などのモンタージュ写真を交番などで見かけたことがあるだろう。

しかし近年、犯罪捜査にモンタージュ写真が用いられることは少なくなり、代わりに似顔絵の力が見直されている。

というのも、モンタージュ写真はしょせん、他人の顔のパーツの寄せ集めだからだ。部分々々は非常にリアルであるものの、全体的にはどこか平板的な仕上がりになる。目撃者の記憶は曖昧であるにもかかわらず、できあがったモンタージュ写真には曖昧さがない。それを見た人は少しでも違う部分があると「別人」と判断してしまう。結果として寄せられる情報は少なくなり、犯人検挙に結びつく可能性が小さくなる。

似顔絵の場合、情報に〝幅〟があるというか、曖昧さがある分だけ、より犯人の特徴を際立たせて表現できる。それを見た人は全体的なイメージを喚起され、直感力を呼び覚まされる。「何となく似ている……いや違うかなあ……でも待てよ……」などと想像力が広がりやすい。結果として情報がたくさん集まってきて、犯人検挙につながりやすい。

実はこの寓話、もう一つ別の解釈が可能である。象を物事や人物ではなく、真理の寓意だと考えると、別の教訓が導き出されてくる。

真理とは「例外無くあてはまり、それ以外には考えられないとされる知識・判断」（『第六版　新明解国語辞典』三省堂）であるので、真理は一つと考えていい。つまり、六人の話が食い違っているのは、それぞれが異なる部分を触っているからであって、みんなが触っているのは同じ象である。言いかえれば、**真実を表現する方法が異なっているだけであり、真実が異なっているわけではない**ということだ。

したがって、誰か一人が正しくて他の五人が間違っているのではない。また、全員が間違っているわけでもない。全員が正しいのだ。

そう考えると、この寓話は、異なる信念を持つ者たちが互いを尊重して共存するための原理を示しているといえないだろうか。

№02

ラクダと水に浮かぶ棒きれ

はじめてラクダを見た者はこの未知なものから逃げだした。二度目に見た者は近づいた。三度目に見た者は勇気を出して、ラクダにつける面繋をつくった。

慣れるということは、こんなふうに、すべてをなんでもないものにする。恐ろしく奇妙に見えたものも、続いてやってくると、私たちには見慣れたものとなる。

さて、ついでにもう一つ。見張りに立たされた人たちが遠くから海上になにかを見て、あれは強力な軍艦だ、と言った。しばらく経つと、あれは火船、ということになった。ついで、小舟、ついで雑嚢となり、最後に、水に浮かぶ棒きれになった。

*【面繋】ラクダの頭の上の方から口に向けてかけ、轡を固定するためのひも
*【雑嚢】雑多なものを入れておく布製の袋

第一印象は当てにならない

前半のラクダの話、後半の軍艦と棒きれの話、いずれも「ぱっと見は○○だけど、よく見ると××だ」という言葉にも二つの意味がある。「何回も見る」という話である。「よく」という意味と、「遠くからではなく近くで見る」という意味だ。

この寓話の作者であるラ・フォンテーヌの言うように、一見するとラクダは恐ろしげで奇妙な生きものだが、慣れてくると愛嬌があってかわいい生きものに思えてくる。要するに、**初見は当てにならない**ということだ。

後半の話は、最初、軍艦に見えていた物体が近づくにつれて「火船?」「小舟?」「雑嚢?」「何だ、棒きれか!」という話である。要するに**遠見は当てにならない**ということだ。

ここで思い出すのは、某国会議員が「あの人は富士山みたいな人だ」と揶揄された話だ。富士山は遠くから見ると雄壮で美しいが、実はゴミだらけで汚い。遠く（無関係な立場）から見ると立派だけど、近く（身近な関係者）から見ると粗（あら）が見えるという話である。

№03

オアシスの老人

二つの大きな町に挟(はさ)まれたオアシスに、一人の老人が座っていた。

通りかかった男が老人に尋ねた。「これから隣の町に行くのですが、この先の町はどんな町ですか?」。老人はこれに答えずに聞いた。「今までいた町は、お前にとってどんな町だった?」

男はしかめっ面をして言う。「たちの悪い人間が多くて、汚い町ですよ。だから、隣の町に行ってみようと思ったんです」。老人はこう答えた。「お前がそう思っているなら、隣の町も、たちの悪い人間が多い、汚い町だろうよ」

しばらくすると、さっきの男が来たのと同じ町から、別の男がやってきた。その男はさっきの男と同じように老人に尋ねた。「これから隣の町に行くのですが、この先の町はどんな町ですか?」。老人はこれに答えずに聞いた。「今までいた町は、お前にとってどんな町だった?」

男はにこやかに答えた。「親切な人が多くて、きれいな町です」。老人はこれを聞いてこう言った。「なるほど、お前がそう思うなら、隣の町も親切な人が多い、きれいな町だよ」

姿勢や態度が変われば意識も変わる

視点や視野と似た言葉に、視座という言葉がある。視座とは「**物事を見る姿勢や態度、立場**」という意味である。

二人の男は、現実を見る態度が違っている。現実はさまざまな物事や人物から構成されており、その有り様をどう認識するかは人によって違う。最初の男が現実の汚いところを見ている一方、二番目の男は現実のきれいなところを見ている。あるいは、この二人の男は付き合っている友人が異なるのかもしれない。最初の男は悪い人と付き合っている。二番目の男は善い人と付き合っている。似た者同士は、自然に寄り集まって仲間をつくる。

たとえば東京はどんなところかと外国人に聞かれても、東京の全体像を余すことなく答えることはできないだろう。東京は〝多面体〟だからだ。答えるとしても、ふだん自分が東京のどういう面を意識して生活しているかによって、その答えはまったく変わってくる。

意識とは唯一のものではなく、物事を見る態度や立場の数だけ存在するのだ。

№04

泣き婆さん

南禅寺の門前に、〝泣き婆さん〟と呼ばれる女性がいた。彼女は雨が降れば降ったで泣き、天気が良ければ良いで泣く。雨でも晴れてもいつでも泣いていた。南禅寺の和尚が不審に思い、こうお尋ねになった。

「一体、おまえさんはなぜいつもそう泣くのか」

するとと婆さんは言うのだった。

「私には息子が二人おります。一人は三条で雪駄屋をやっております。もう一人は五条で傘屋をやっています。良い天気の日には、傘屋の方がさっぱり商売になりませんので、まことにかわいそうでなりません。また、雨降りになりますと、雪駄屋の方は少しも品物がはけませんので、困っているだろう。そう思いますと、泣くまいと思っても、泣かずにはいられません」

そこで和尚は「なるほど、話を聞いてみれば一応はもっともな様であるが、そう考えるのは下手じゃ。わしがひとつ、一生涯うれしく有難く暮らせる方法を教えよう」とおっしゃった。婆さんはひざを乗り出して「そんなけっこうな事がありますならば、是非ともひとつお聞かせください」と言った。

和尚は次のような話をした。

「世の中の禍福（かふく）はあざなえる縄（なわ）の如しというて、福と禍とは必ず相伴うものである。世の中は、幸福ばかり続くものではなし。かといって不幸せばかりが続くものでもない。お前は不幸せな方ばかりを考えて、幸せのほうをいっこうに考えないから、そのようにいつも泣いていることになる。

天気の良い日は、今日は三條通りの雪駄屋は千客万来で目の回るほど繁盛すると思うが良い。雨の降る日には、今日は五條通りの傘屋の店では品物が飛ぶように売れていると思うが良い。こう考えれば、晴れれば晴れたで嬉しいし、雨が降れば降ったで嬉しいであろう」

それ以降、泣き婆さんは楽しく暮らしたという。

あなたにとっての「良い」は、誰かの「悪い」かもしれない

どういう視座で世の中の出来事をとらえるかによって、世の中の見え方は変わってくる。視座とは前項「オアシスの老人」（18ページ）の解説でも述べたとおり、物事を見る姿勢や態度、立場のことである。この寓話が示すように、雪駄屋の立場と、傘屋の立場では、世の中の見え方や気持ちが違ってくる。

私たちはある出来事やある状況に遭遇すると、軽々しく「それは良い」「それは悪い」という判断をしがちである。しかし、よくよく考えてみると、「良い」とも「悪い」とも言えないことのほうが多い。なぜなら、**「良い」「悪い」は立場によって異なる**からだ。

たとえば、台風が近づいてくると多くの人は憂鬱になる。雨と強風で服が濡れることもあれば、電車が遅れたり止まったりすることもあり、車を使う人が増えれば道が混む。

しかし、台風で喜ぶ人もいる。台風が近づくと多くの人が外出を控えるため、宅配ピザや宅配寿司などの売上げが増える。また、交通機関が乱れることが多いため、タクシー会

社の売上げが上がる。ホームセンターでは、電池や懐中電灯、ロープ、ブルーシートなどの対策グッズの売れ行きが伸びる。そういう業界に身を置く人にとって、台風は凶ではなく、吉なのである。

もう一つ例をあげよう。人類の絶滅というのは人間（ホモ・サピエンス）という種にとってできるだけ先延ばししたい出来事である。一方、地球上の人間以外の種にとっては朗報である。なぜならば、人間ほど、必要以上に他の種の命を奪う種はいないからである。「地球環境を守るための一番の早道は人類の絶滅である」と言う人もいる。人類の絶滅は人類にとっては凶、人類以外の種にとっては吉なのである。

№05

アリとセミ

冬の一日、アリは夏の間に溜めこんだ穀物を穴蔵から引っぱり出して、乾かしていた。腹をすかせたセミが来て、露命をつなぐため、自分にも食物を少し恵んでくれ、と頼みこんだ。

「夏の間、一体何をしていたのかね」と尋ねると、

「怠けていたわけではない。忙しく歌っておりました」とセミは答える。

アリは笑って、小麦をしまいこみながらこう言った。

「夏に笛を吹いていたのなら、冬には踊るがいい」

勤勉なアリを選ぶか、人生を楽しむセミを選ぶか

日本人のよく知る「アリとキリギリス」の原話が、この「アリとセミ」という話である。セミがキリギリスに変化したのはなぜか？　イソップ寓話の舞台となったのはギリシャ地方である。ここにはセミは生息していたものの、北ヨーロッパには生息していなかった。話がギリシャから北ヨーロッパに伝わる過程でセミがキリギリスに置き換わり、それが一六世紀後半にイエズス会の宣教師により日本に伝来し、『伊曾保物語』として広く伝わった。そんな経緯である。

この話の一般的な教訓は「余裕のあるときに将来に備えよ。さもないと、苦痛や危機にあう」ということだ。アリは計画的かつ勤勉で真面目な存在、セミは無計画でその場しのぎの遊興（ゆうきょう）にふける愚かな存在と読み取れる。

しかし、この話から逆の教訓を読み取ることも可能だ。アリはひたすら忙しそうに働き

自分だけ豊かになろうとする自己中心的な存在で、将来を憂いて今をないがしろにするという悪い例である。反面、セミは、芸術を愛し、生きること自体を楽しむ存在という良い例である。

何が良くて何が悪いかは、文化や時代状況によって異なってくる。「貯蓄は美徳である」と考える文化圏はアリを支持するし、「人生は楽しんでナンボ」と考える文化圏ではセミを支持する。貧しい時代に生きる人はアリを支持するし、豊かな時代に生きる人はセミを支持する。

№06

山の木と雁（かり）

荘子は山の中を歩いているとき、枝葉の立派に茂った大木を見かけた。木こりたちはその大木のそばに立ち止まりながらも手をつけようとはしない。わけを聞くと「この木は役に立てようがないから」という答えが返ってきた。荘子は言った。「この木は役に立たぬおかげで、自分の天寿をまっとうすることができるんだ」

荘子は山を出て、友人の家に泊まった。友人は喜び、召使いの少年に雁をつぶして料理するように言いつけた。少年は尋ねた。

「二羽の雁のうち、一羽はよく鳴き、もう一羽は鳴きません。どちらを殺しましょうか」

主人は言った。

「鳴けない雁を殺しなさい」

翌日、弟子が荘子に尋ねた。

「昨日は山中の木が役に立たないために、天寿をまっとうすることができました。さてこの家の雁は役に立たないために死にました。先生は、役に立つのと立たぬのと、一体どちらをおとりになるわけですか」

荘子は笑いながら答えた。

「そうだな。私は役に立つことと役に立たないことの中間にいようと思う。だが、役に立つことと役に立たないことの中間も偽物だ。だから災難を逃れられない。もしも、無為自然の道に従って遊ぶならば、そうではない。人にほめられることなく、非難されることもなく、竜となって空を飛ぶかと思えば、蛇となって地にもぐる。時の流れとともに変化して、自分勝手に動かない。上に行ったり、下に行ったり、調和を原則として、万物の根源に遊び、下界の事物を操り、下界の事物から支配されない。そうすれば、どうして災難に遭うことがあろうか」

有用、無用を超えて

この話は三つの部分に分かれている。最初は、山の木が役に立たないために長生きをしたという話で「無用の用」の事例が述べられている。「無用の用」とは「役に立たないことが逆に役に立つ」という荘子特有の逆説的な物言いである。

次に、鳴かない雁が役に立たないために殺されてしまう話で「無用の用」が成立しない事例が述べられている。要するに「役に立つもののほうが良い」という常識的な考え方が述べられている。

最後に「役に立つことと、役に立たないことのどちらが良いのか」という弟子の質問に荘子が答える話で、荘子はいったん「役に立つことと役に立たないことの中間にいようと思う」と答えながらも、すぐに「中間も偽物だ」と言い添える。

「役に立つことと役に立たないことの中間」とはいかなる立場か。

たとえば、こんなふうに考えてみたらどうだろうか。「有用か無用か」は時と場合によって違ってくる。だから「有用が良いのか、無用が良いのか」という漠然とした問いには答えようがない。木は無用だったから天寿をまっとうできたわけだし、雁は無用だったから殺されてしまったわけだから、「役に立つ」という言葉の意味をそのときの状況に応じて丁寧に考えていくしかないということだ。

では、「中間も偽物だ」と述べる荘子の真意とはどういうことだろうか？

荘子の答えは無為自然の道である。無為自然とは、なんら作為をせず、あるがままにまかせるという意味だ。荘子の生きていた戦国時代は乱世の時代で、権力の行方が定まることはまれであった。したがって、世の中を安全に生きていくためには、**特定の立場に固執せず、柔軟な姿勢を保つ**ことが必要だった。臨機応変の策がとれるかどうかで、乱世を生き抜けるかが決まる。無為自然の道という、一見消極的に見える荘子の哲学は、乱世の時代に必要だった人生の知恵だったのだ。

さて日本では近年、科学技術系の学問は役に立つので予算を増やすが、人文系の学問は役に立たないので予算を減らそうという傾向が顕著である。この場合、「誰にとって、どのような意味において、役に立つのか」を丁寧に考えていく必要がある。

政治家が使う「役に立つ」というのは、要するに経済的利益につながるという意味でしかない。こうした「役に立つ」とは次元が異なる「役に立つ」があることを忘れてはいけない。「人間の善き生」につながるという次元での「役に立つ」である。

それでは、「人間の善き生」とは何か? これは科学技術系の学問の範囲を超えている。自然科学は事実の世界を対象とし、事実に関わる客観的知識を探求する学問であり、価値や道徳や倫理の問題を基本的には排除して成り立っている。そこでの倫理の役割は、科学技術によりつくられた成果物のチェック機能だけであり、どのような科学技術を生みだしていくべきかという根本的なことが事前に問われることはほとんどない。科学技術系の学問やそこから派生した製品やシステムは一つの前提(常識、規範、慣習)に立って動いており、そういう前提を、「それで本当にいいのか?」「そもそもの前提が間違ってはいないか?」というように根本的に問いなおすのが、人文系の学問なのだ。

『学問のすすめ』の著者として知られる福沢諭吉が、自然科学や経済学などの実学を尊重したことはよく知られている。こういう福沢の立場に対して、中江兆民は実用的ではない学問も貴び、中国の古典などを重視していた。中江はすべての学問の根底には哲学が必要だと考え、こう述べている。

「だいたい哲学の効用とは、誰の目にも見えるようなものではない。……そもそも国に哲学がないとは、床の間に掛軸がないようなもので、その国の品位をおとすものだ。……哲学なき国民は何ごとをなすにも深みに欠け、浅薄にならざるを得ないのである」(『一年有半』岩波文庫)

この中江の言葉もまた、「無用の用」について述べているのではないだろうか。

第2章

幅広い認識としなやかな思考

№07

無知の知

あるとき、ソクラテスの友人であるカイレポンが「ソクラテスに勝る知者はいない」という「神のお告げ」を持ち帰った。これを聞いたソクラテスは神の真意をはかりかねた。「いったい神は何を言おうとしているのか。何の謎かけをしようとしているのか。私は知者ではないということは自分自身がいちばん分かっている」

そこで、ソクラテスは多くの人から知者だと言われている人々を訪ねてまわることにした。そうすれば、どれほど彼らが賢くて、自分に知恵がないかがすぐに判明するだろうと考えた。

ところが、いざ知者と呼ばれる人たちと話してみると、彼らは人間にとって一番大事なものが何であるかを分かっておらず、しかも、自分が分かっていないことさえ分かっていないことに気がついた。つまり、彼らは知らないのに知っていると思いこんでおり、それに対して、ソクラテスは知らないという点では彼らと同じでも、知らないということを自分で知っているという自覚の分だけ、自分のほうが賢いと悟ったのだ。

物事のすべてを知ることはできない

哲学者ソクラテスの有名な逸話である。この逸話の前提は、神こそが知者であり、人間は知者ではないということだ。人間の知恵は神に比べれば無に等しく、自分の無知を自覚しない人間は愚かな存在なのだ。ソクラテスのように自己の無知を自覚することが人間の賢さであるということだ。

われわれ人間は、大方のことを知ったような気でいる。しかし実際には、**知っていることよりも、知らないことのほうが圧倒的に多い**。例をあげよう。

スミソニアン博物館の研究員だったT・アーウインはパナマのアマゾン流域に入り、そこにある七〇メートルほどの樹を下から燻（いぶ）して樹の中にいる生物たち（ほとんどが昆虫）を落とし、種の同定を試みた。一人で判断できないため、研究者仲間に協力を頼んだ。その結果、答えが出たのはわずか四％だったという。残りの九六％は未知の生きものだったのだ（『まど・みちおの詩で生命誌をよむ』中村桂子著／NHK出版）。

また「バクテリアを除いた生物の種の数はどれぐらいか」について、さまざまな生物の相関関係から見積もるという研究結果が報告されている。それによれば、陸上に約六五〇万種、海中に二二〇万種と見積もることができ、合計で八七〇万種に達するという。これは、陸上の八六％、海中の九一％の生物種は未発見ということを意味する（前掲書）。

地球の外へと目を向けても、同じようなことが言える。

これまで宇宙にある物質といえば、ほとんどが地球にある物質（原子）と同じようなものだと考えられていた。この大前提はNASAが打ち上げた宇宙探査機の観測によってくつがえされた。宇宙にある物質のうち、私たちが知っている物質はたったの四％だけ（バリオンと呼ばれる）。その他の九六％は私たちが知らないモノによって占められているというのだ。この謎のモノを科学者たちは「暗黒物質」（二三％）や「暗黒エネルギー」（七三％）と名づけた（『宇宙は何でできているのか』村山斉著／幻冬舎新書）。

いずれにせよ、私たちは知っていることよりも知らないことのほうが圧倒的に多い。すべてを知っているると思いこんでいるのは愚者である。既知よりも未知のほうが多く、神ではない人間が知り得るのは、全体のごく一部でしかないと知っているのが賢者なのだ。

以上の話は人間が認識できる〝量〟に関する事柄である。

次に、人間が認識できる〝質〟について考えてみたい。質という観点からも、人間の認識は万能ではなく、人間特有の感覚器官によって限界づけられている。実際、私たちは人間特有の視覚器官を通じてさまざまなものを見ている。人間とは異なる視覚器官を持っている他の生物には世界は別様に見えている。

たとえば、トンボの視野は三六〇度の広がりを持っているものの、人間のように立体視はできない。トンボに見える世界と人間に見える世界は異なるのだ。これは、視覚器官だけに限らず、他の感覚器官にもいえる。暗闇を舞うコウモリは人間と異なる知覚器官で世界を認識している。そのため、コウモリの認識する世界と人間の認識する世界は異なる。

要するに、生物の感覚器官はそれぞれ異なっているので、それぞれの生物が認識している世界は異なっているのだ。人間が知覚している世界こそが本物で、トンボやコウモリが知覚している世界は不十分で偽物だというのは間違いだ。それは、人間の傲慢でしかない。

哲学者のカントはこうまとめた。人間から独立に存在する対象を人間の理性が認識するのではなく、人間の認識行為によって対象ははじめて対象として出現する。つまり、観察者に関係しない実体というのは存在しないということだ。

私たち人間が見ているのは〈現象の世界〉であって、私たちは対象そのものである〈物自体の世界〉を認識することはできないのだ。

№08

京の蛙と大阪の蛙

京に住む蛙はかねてから大阪見物をしたいと思っていた。春になって思い立ち、街道を西向きに歩いて天王山に登った。

大阪に住む蛙はかねてから京見物をしたいと思っていた。同じ頃、思い立ち、街道を東向きに歩いて天王山に登った。

京の蛙と大阪の蛙は頂上でばったりと出逢った。互いに自分の願いを語り合った後、「このような苦しい思いをしてもまだ道半ばだ。この分では彼の地に着いた頃には足腰が立たないようになるだろう。ここが有名な天王山の頂上で、京も大坂も一目で見渡せる場所だ。お互いに足をつま立てて背伸びをしてみたら、足の痛さも和らぐだろう」。両方の蛙が立ち上がり、足をつま立てて向こうを見た。

京の蛙は「噂に聞いた難波の名所も、見てみれば何ら京と変わらない。しんどい思いをして大阪に行くよりも、これからすぐに帰ろう」と言った。大阪の蛙は「花の都と噂に聞いたが、大阪と少しも違わぬ。おれも大阪に帰る」と言い残し、のこのこと帰った。両方の蛙は向こうを見た心づもりであったが、実は目の玉が背中についているので結局は古里(ふるさと)を見ていたのだ。

知識があるほど視野は狭くなる

京の蛙も大阪の蛙も早合点をしている。早合点とは「よく聞かないで分かったつもりになること。また、十分に確かめないで勝手に承知すること」である。

誰でも一度や二度、会話をしているときに早合点した経験があるだろう。早合点は人間関係を壊しかねない。そうならないための心がけは三つある。

一つ目は「**集中してよく聞くこと**」。何か別のことをしながら、あるいは何か別のことを考えながら話を聞くのは御法度だ。二つ目は「**人の話は最後まで聞くこと**」。途中で話に割り込むのはなによりも相手に失礼だし、早とちりのもとになる。三つ目は「**確認すること**」。自分はこのように理解したと伝え、それで間違いはないかと確かめるのだ。

「聞く」場面に限らず、「見る」という場面でも私たちはしばしば早合点をする。物事や人物を「よく見る」というのはなかなか難しいことだ。**知識があればあるほど「よく見る」ことは難しくなる。**文芸評論家の小林秀雄は、知識はよく見ることを妨げると言う。

「見ることは喋ることではない。言葉は眼の邪魔になるものです。例えば、諸君が野原を歩いてゐて一輪の美しい花の咲いているのを見たとする。見ると、それは菫の花だとわかる。何だ、菫の花か、と思った瞬間に、諸君はもう花の形も色も見るのも止めるでせう。諸君は心の中でお喋りをしたのです。菫の花という言葉が、諸君の心のうちに這入って来れば、諸君は、もう眼を閉ぢるのです。それほど、黙って者を見るといふ事は難しいことです」（「美を求める心」『小林秀雄全集　第九巻』新潮社）

〈美術館あるある〉を一つ。部屋に入って絵をぱっと見る。見ているのはせいぜい五秒くらいで、すぐに絵の題名を見て、解説を読みはじめる。題名と解説で何かが分かったような気がして、最後にもう一度、絵をちらっと見る。そしてすぐ、次の絵に目を移す。

画家（芸術家）は感覚的に世界の真理や本質を表現している。画家が絵で表現しようとするのは、言葉では表現できないことを表現したいからだ。真、善、美、永遠、愛、神、無、時間、空間……といったことを余さず言語で説明することはできない。言葉で表現することができない世界を描いた物が絵だとすれば、題名と解説を読んだだけで素通りするのは、何とも惜しい。

№09

ナスルディンのカギ

ナスルディンという男が自宅前の土の上で這(は)いつくばって探し物をしていた。友人が来て「何を探しているんだ」と尋ねた。

「カギだよ」とナスルディンは答えた。

そこで友人も膝をついて一緒にカギを探しはじめた。なかなか見つからないので、友人は「どこでカギを失くしたかを正確に言ってみろ」と聞いた。

「家の中だよ」とナスルディンは答えた。

「それなら、なぜ外を探しているんだ」

「家の中よりも、ここのほうが明るくて探しやすいからさ」

既存の論理や過去の経験から離れたところにカギがある

ナスルディンは家の中でカギをなくした。であれば、家の中でカギを探すのが道理だろう。それにもかかわらず、ナスルディンは家の外でカギを探していた。家の中は暗くて探しにくく、家の外は明るくて探しやすいからだという。

馬鹿馬鹿しい話である。しかし、私たちはナスルディンを笑えない。たとえば、新規事業を始めようと思い、そのタネを探そうとするとき、自分たちにとって明るいところ、すなわち自分たちが知っている分野、動きやすい分野にアプローチしようとする。

こうしたアプローチから新規事業が立ち上がる例は少ない。新規事業は、既存の論理や過去の経験が当てはまらないような領域に眠っている。これまでの常識を外れたところにあって、前例がないからこそ、新規なのである。

経営学者のヘンリー・ミンツバーグは『H.ミンツバーグ経営論』（ダイヤモンド社）

の第二章「計画は左脳で、経営は右脳で」でこの寓話を使っている。彼は左脳のはたらきを明るさに、右脳のはたらきを暗さにたとえ、経営の重要なカギは左脳ではなく、右脳に存在すると主張する。

良く知られているように、左脳の活動形式は分析的、連鎖的であり、言語をあやつるような論理的思考を司る。右脳の活動形式は全体論的、直感的であり、視覚など感覚的なイメージの把握を司る。

彼の言わんとするのは、こういうことだ。これまで私たちは経営のカギを「理論的な分析」という明るさの中だけに探し求めてきた。しかし、経営のカギは直感的な暗闇の中に沈んでいるのではないか。経営者やマネジャーが明るい場所だけに経営のカギを求め続けるのであれば、発展の余地は少ないだろう。優れた経営者や優れたマネジャーとは、右脳の効果的な活動と左脳の効果的な活動とを融合させることのできる人である。

先日『世界のエリートはなぜ「美意識」を鍛えるのか?』(山口周著/光文社新書)という本を読んだ。書名にもなっている問いかけに対して、山口はこう答えている。

「『分析』『論理』『理性』に軸足をおいた経営、いわば『サイエンス重視の意思決定』では、今日のように複雑で不安定な世界においてビジネスの舵取りをすることはできない、ということがわかっているからです」

つまり、これからのエリートには、理性だけでなく美意識や感性が求められるということだ。さて、その根拠は？

一つ目は、多くの人が分析的・論理的な情報処理のスキルを身につけた結果、正解のコモディティ化が発生しているからだ。コモディティとは、一般化したため差別化が困難になった製品やサービスを意味する。つまり、論理的かつ理性的な情報処理によって得られるのはしょせん「他人と同じ正解」であり、それだけで他社と差別化を図るのは困難なのである。

二つ目は、今日のような複雑で不安定な世界でいたずらに論理的かつ理性的であろうとするのには限界があるからだ。問題解決能力や想像力の麻痺状態、意思決定の膠着状態をもたらし、結果として経営の舵取りにスピード感がなくなってしまうのだ。

三つ目は、地球規模で経済成長が進展しつつある中、世界が巨大な「自己実現欲求の市場」になりつつあるからだ。そうなると、「他者に認められたい」「自己実現したい」という欲望を上手にコーディネートすることがより重要になってくる。そういう欲望を満たすような商品やサービスをつくっていくことができるか否かは、リーダーの美意識や感性の水準に左右される。

四つ目は、社会の変化に法律の整備が追いつかないからだ。外在的にすでに明文化されているる法律やルールだけをよりどころにするのではなく、内在的に「真善美」を判断するための基準（倫理や美意識）をよりどころにした経営が求められる。

美意識、美的価値、美の本質などについて考察するのが美学という学問である。言うまでもなく、美学は人文学系に属する。これからのエリートには美意識が欠かせないとすれば、人文学系の学問が役に立たないというのは大きな間違いであることが分かる。

№10

双子の運命

過酷な環境で育った双子がいた。双子の父親は麻薬の常習者で、酒に酔っては母親と子どもに暴力を振るった。双子が三〇代になったとき、心理学者が二人にインタビューをした。

双子のうちの一人は薬物中毒になり、生活保護を受けていた。彼の暴力が原因で、妻と子どもは家を逃げだしていた。心理学者は彼に質問をした。

「あなたはなぜ、こんなことを自分と自分の家族にしているんですか？」

「あんな家庭に育った私に、これ以外の何ができるというんだ！」

双子のうちのもう一人は、ビジネスで成功して幸せな結婚をし、すばらしい親になっていた。心理学者は彼に質問をした。

「あなたはなぜ、これほどのことが成し遂げられたのですか？」

「あんな家庭に育った私に、これ以外の何ができるというんだ！」

何に対し何を思うかは、あなたの自由だ

この双子が育った家庭環境は誰がどう考えても好ましいものとはいえない。ほとんど同じ遺伝子を持ち、同じ環境で育った二人であれば、その後、似たような人生を歩んでもよさそうである。しかし、この双子の兄弟はその後、一八〇度違った生活を送っている。これはどういうことなのか？

マイナスに見えるような出来事であっても、その出来事自体は中立であり、その出来事をどう解釈するかは自由ということだ。

反面教師という言葉がある。見習うべきではないものとして、悪い手本となる人物や事柄をいう。双子の一人は、自分の父親を反面教師としなかった。父親の悪い所を真似することで、結果として父親と同じような生き方を選んだ。それに対して、双子のもう一人は、自分の父親を反面教師として、父親とは逆の生き方を選んだ。

人間と動物を分けるものは何か？　それは選択の自由を持っているかどうかである。動

物は外部の刺激に対し一定の反応を返すことしかできない。一方、人間の場合、刺激と反応の間に選択の自由が存在する。出来事と対応の間に選択の自由が存在するといってもいい。だから、何らかの刺激を受けても同じ反応を返すとは限らないし、何らかの出来事が起きたときに同じ対応をするとは限らないのだ。どんな対応をするかは本人が熟慮して選ぶことができる。

スティーブン・R・コヴィーは著書『7つの習慣』（キングベアー出版）で、「人間はほかの動物にはない自覚、想像力、良心、自由意志という独特の性質を持っているため、刺激に対して、自分の反応を選択する自由を持っている」と表現する。

自覚とは、自分自身の状況を客観的に見つめる力である。想像力とは、現在の状況を越えた地点から物事を考える力である。動物には今しかないのに対して、人間は今だけでなく過去や未来を考えることができる。動物はそこにあるものしか見えない。人間はそこにあるものだけでなく、そこにないものも〝見る〟（＝想像する）ことができる。良心とは、善いか悪いか、正しいか間違いかを判断し、正しく行動しようとする心のはたらきである。自由意志とは、自分以外の人間に何ら縛られることなく、「私はこうしたいのでこうする」というような力である。どんなに賢い動物であっても、これらの性質は持ち得ない。

№11

目をなくしたカバ

一頭のカバが川を渡っているときに自分の片方の目をなくした。カバは必死になって目を探した。前を見たり、後ろを見たり、右側を見たり、左側を見たり、体の下を見たりしたが、目は見つからない。

川岸にいる鳥や動物たちは「少し休んだほうがいい」と助言した。しかし、永遠に目を失ってしまうのではないかと恐れたカバは、休むことなく、一心不乱に目を探し続けた。それでも、やはり目は見つからず、とうとうカバは疲れはてて、その場に座りこんでしまった。

カバが動きまわるのをやめると、川は静寂をとり戻した。すると、カバがかき回して濁らせていた水は、泥が沈み、底まで透きとおって見えるようになった。こうして、カバはなくしてしまった自分の目を見つけることができた。

「止まる」ことは「正しい」こと

コップの中の泥水をしばらく放置しておくと、やがては泥が沈み、水と泥に分かれる。この現象はしばしば座禅にたとえられる。座禅の禅とは何か？　もともとはインドの「ジャーナ」という古い言葉から来ているという。「ジャーナ」とは心を静かに保つということだ。茶色の泥水の状態は忙しさの中でもがいている日常である。**心を静かに保つことで、心の中の舞い上がった泥を沈めてみよう。**

座禅を組むところまではいかなくても、私たちは毎日の生活の中に「心を静かに保つ時間」、つまり「ぼんやりする時間」をいくつも見つけることができる。

朝の駅のホームで電車を待つ時間、食堂で定食が運ばれてくるのを待つ時間、交差点で赤信号が青信号に変わるのを待つ時間、エレベーターで目的の階に向かう時間――つい先頃まではそういうひとときは「ぼんやりできる時間」だった。ところが、今や私たちはスマートフォンをいじって、そういう時間をつぶしている。

何も考えずにぼんやりしているときにこそ、ひらめきが降りてくるという話はよく聞く。机に座って髪の毛をかきむしっているとき、パソコンに向かって身もだえするとき、ひらめきは降りてきてくれない。ひらめきという訪問者は、忙しい人を嫌い、ぼんやりしている人を好む。

禅語の中に「七走一坐」と「一日一止」という言葉がある（『心配事の9割は起こらない』枡野俊明著／三笠書房）。

「七走一坐」とは、七回走ったら一度は坐れという意味だ。ずっと走り続けていないと仲間から後れをとってしまう——ついつい私たちはそんなふうに考えてしまう。しかし、長い目で見れば、**ずっと走り続けることは良いことではない。しばらく走ったら休息をとり、自分の走りを見直すのが賢明である。**

「一日一止」とは、一日に一回は立ち止まりなさいという意味だ。ずっと歩き続けるのではなく、一日に一回くらいは自分の歩き方を見つめ直す。そうすることで、正しい歩みをつくっていくことができる。「一止」という字を見てみよう。「止」の上に「一」を乗っけてみると「正」という字になる。一日に一回、止まって自分を省みることは正しいのだ。

第3章

思慮深さと正しい判断

№12

墨子(ぼくし)と占い師

ある日、墨子は北の方にある斉の国に行こうとして、占い師に会った。占い師は「今日は天帝が北方で黒竜を殺される。先生は色が黒いから、北の方角へ行くのはよろしくありません」と言った。

墨子はこの言葉に従わず、北方へ向かった。しかし、淄水(いすい)にまではたどりつけたものの、目的地には行きつくことができずに帰ってきた。占い師は「私は北の方角へ行くのはよろしくないと言いましたね」と言った。

すると、墨子はこう反論した。「南方の者で北に行けなかった者には、色の黒い者もいれば白い者もいる。北方の者で南に行けなかった者には、色の黒い者もいれば白い者もいる。一体これはどういうわけか」

無責任な意見に左右されてはいけない

墨子（中国戦国時代の思想家）が目的地にたどりつけなかったのは、淄水（中国の河川）が氾濫していたためと推測される。結果だけ見れば、占い師の助言に従っておけば無駄足を踏まずに済んだ。しかしそれはたまたまであって、川が氾濫していては、誰も淄水を通過することはできない。このような占い師の非論理性を墨子はなじったのだ。

自分の大事な進路を、占いのような無責任な意見に左右されてはいけないというのが、この話の教訓だ。占いとは、無意味（生年月日、手のしわ、カードの並びなど）の中に意味を、あるいは偶然性の中に必然性を読みとるパフォーマンスである。

どちらでも良いこと、たとえば今日着ていく服の色などは占い師に頼ってもいい。しかし、人生の大事な選択は専門家に助言を求めるべきだ。それでも、あくまでも助言である。**何を選び、何を避けるかの最終決定者は、他ならぬ自分だ。選ぶことは責任を負うことだ。**他人に自分の進路を決めてもらうのは、自分の人生に責任をとらないことを意味する。

№13

夫婦と三つの餅

ある夫婦が近所から三つの餅をもらった。それを二人で一つずつ食べたが、残った一つはどちらが食べるというわけにもいかないので、「この一つは先に言葉をしゃべった者は食べられない。黙っていたほうが食べるということにしようではないか」と約束した。一言でも先にものを言えば、餅を食べることができないので、二人はどんな用事があっても、すべて手真似で用を足し、沈黙を守っていた。

ところが、その夜、盗賊が家に入ってきた。二人は例の約束があるので、目は開いていながら黙っている。賊は二人とも口が利けないに違いないと合点して、女房に乱暴をはたらき、いっさいの財物を持ち去ろうとした。夫はそれでも黙っているので、妻は耐えきれずに叫んだ。「あなた、賊がこんなことをしているのに、一つの餅のために黙っているとは何事ですか」。夫はすかさず「さあさあ、これで餅は私のものだ」と手をたたいて喜んだ。

過去にしばられず、今ここで正しく決断する

多くの人は、小さな名利（名誉や利益）にとらわれ、大きな尊いものを失っている。そんな戒めがこの寓話には含まれている。小さな名利とは餅を食べることができるという利益で、大きな尊いものとは妻自身と財物である。どちらが大事で、どちらが大事でないかの判断を夫はできなかったのだ。

またこの寓話は、過去にしばられず、今ここで正しく決断することの大切さを説いているようにも思える。夫は過去の約束事にとらわれ、大事なものを失うところだった。

過去に決めたことにとらわれてはいけない。たとえば、あなたが一〇年間続けていることを「もうやめたい」と思ったとき、「これまで費やした時間やお金がもったいない」と周囲は助言するかもしれない。しかし、それを続けるか否かは今ここで自分が決めればいいのだ。今まで続けてきたから、この先も続けなければいけないということはない。他人ではなく自分が決めればいい。自分の人生に責任を持てるのは自分しかいないのだから。

№14

ラクダの頭

あるところに、一人の愚かな男がいた。男はあるとき、瓶(かめ)の中に穀物を入れてラクダに与えていた。ところが、瓶の中に頭を突っ込んで穀物を食べていたラクダは、食べ終わっても頭を出さない。男はほとほと困り果てた。

そこへ一人の老人が近づいてきた。

「心配することはない。良い方法を教えてやろう。私の言うとおりにすれば、必ずラクダの頭は出る。まず、ラクダの首を切ってしまいなさい」

老人の言葉を信じて、男はラクダの首を切った。老人は続けた。

「次に、瓶を壊しなさい」。男は言われるままに瓶をたたいて壊した。そして、ラクダの頭を取り出した。

老人に言われるがままに、ラクダの首を切ってから瓶を壊した結果、男は両方を失った。この話の教訓は、**苦境に陥ったとき、前後の見境もなく物事に当たると、すべてを失う羽目になる**ということだ。

瓶を「仕事やお金」、ラクダを「命や健康」と置き換えてもいい。仕事やお金は失っても再び得ることはできる。しかし、命や健康はそうはいかない。

順番を間違えると大切なものを失う

また、何事も順番が大切だという教訓も引き出せる。最初に瓶を壊せば、ラクダを殺さずに済んだ。最初にラクダの首を切って次に瓶を壊すのは間違いである。

こんな落語のまくらがある。ケチな男が得意げに話している。「紙を一度だけ使って捨てるのはもったいない。まず鼻をかむんだ。それを乾かして尻をふくんだ。分かったか！」。これを聞いて、えらく感心したのが与太郎である。しかし、与太郎は順番を間違えてしまった。「お前の言うとおりにしたら、ひでえことになったぞ！」

№15

北風と太陽①

北風と太陽が彼らの力について言い争っていた。議論ばかりしていても仕方がないので、旅人を裸にしたほうが勝ちだということにした。

最初は北風の番だ。北風は思いきり強く、「ビューッ！」と吹きつけた。旅人はふるえあがって、着ものをしっかり押さえた。そこで北風は、いちだんと力を入れ、「ビュビューッ！」と吹きつけた。すると旅人は、「うーっ、寒い。これはたまらん。もう一枚、着よう」と、いままで着ていた着ものの上に、もう一枚重ねて着てしまった。北風はがっかりして、「きみにまかせるよ」と、太陽に言った。

そこで太陽は、ぽかぽかと暖かく照らした。そして、旅人がさっき一枚よけいに着た上着を脱ぐのを見ると、こんどはもっと暑い、強い日ざしを送った。じりじりと照りつける暑さに、旅人はたまらなくなって、着ものをぜんぶ脱ぎすてると、近くの川へ水浴びに行った。

信頼が得られれば人は動く

原文の最後には「強制よりも説得のほうが有効なことが多い」という教訓が添えられている。つまり、人に何かをさせたいと思ったら、腕力や権力によって力ずくで事を運ぶよりも、相手がその気になるように言って聞かせたほうが有効であるということだ。

泉谷閑示は『あなたの人生が変わる対話術』（講談社＋α文庫）で、この寓話には『いかにして人の心は開かれるのか』というテーマを考えるうえでの重要なヒントが込められている」という。泉谷は旅人のマントを「心の鎧」に見立てる。「心の鎧」は他人が脱がすことはできず、自分で脱ぐしかない。本人が心の鎧を脱ぐ——つまり「心を閉ざした状態」から「心を開いた状態」に変わる——ために周りの人は何ができるのだろうか。

「心の鎧」の源は不信感である。不信感を信頼感に変えるには時間がかかる。基本は、その人を操作しようとしないこと、**その人が一人の人間として主体的に在るという事実を尊重する**ことである。急かさないこと、別の言い方をすれば待つことが求められる。

№16

北風と太陽②

北風と太陽が彼らの力について言い争っていた。議論ばかりしていても仕方がないので、勝負をしようという話になった。

最初の勝負は、旅人の帽子をとることだ。はじめに、太陽が旅人を照りつけると、旅人は日差しを避けようと帽子を深くかぶり、けっして脱ごうとはしなかった。今度は、北風が思いっきり強く、ビューと吹いた。すると、旅人の帽子は簡単に吹き飛んでしまった。

次の勝負は、旅人の上着を脱がすことだ。はじめに、北風がありったけの力で、ビューッと吹きつけた。しかし、旅人はふるえあがって、着ものをしっかり両手で押さえるばかりだった。今度は、太陽が旅人を照らした。すると、旅人は上着を脱いで、気持ち良さそうにのびをした。

状況に適した手段を選ぶ

この話の教訓は、何事においてもそのつど適切な手段を選ぶことが肝要であるということだ。旅人の帽子をとるには北風が適していた、上着を脱がせるには太陽が適していたということだ。要するに臨機応変の大切さを説いている。

一般的に、年をとればとるほど素直さは消えていく。逆に、頑固さは増すばかりである。「人の意見は四〇まで」（四〇歳をすぎた人に意見をしても効き目がないこと）ということわざがあるくらいだ。臨機応変であるためには頑固であってはならない。

社会で成功している人や組織ほど、自信を持っているという意味で頑固である。しかし、過去にうまくいったからといって、これからもずっとうまくいくとは限らない。成功は人を頑固にする。成功の記憶はときに耳栓になる。まわりの環境が変わってしまっているのに、過去の勝ちパターンにしがみつくことはよくあることだ。**時が変われば、選ぶべき手段が違って当然である。熟慮のうえ、適切な手段を選ばなければならない。**

№17

大きな岩と小さな岩

「クイズの時間だ」。教授はそう言って、大きな壺を取り出し教壇の上に置いた。その壺に、彼は一つ一つ岩を詰めた。壺がいっぱいになるまで岩を詰めて、彼は学生に聞いた。

「この壺は満杯か?」。教室中の学生が「はい」と答えた。「本当に?」。そう言いながら教授は、教壇の下からバケツいっぱいの砂利を取り出した。その砂利を壺の中に流し込み、壺を揺すりながら、岩と岩の間を砂利で埋めていく。そしてもう一度聞いた。「この壺は満杯か?」。学生は答えられない。一人の生徒が「多分違うだろう」と答えた。教授は「そうだ」と笑い、今度は教壇の陰から砂の入ったバケツを取り出した。それを岩と砂利の隙間に流し込んだ後、三度目の質問を投げかけた。

「この壺はこれでいっぱいになったか?」

学生は声を揃えて、「いや」と答えた。教授は水差しを取り出し、壺の縁までなみなみと注いだ。彼は学生に最後の質問を投げかける。

「僕が何を言いたいのか分かるだろうか」

まず、大切なことに時間を使う

引用元は『会社がなぜ消滅したか』（読売新聞社会部／新潮文庫）の「文庫版あとがき」である。この後、話は次のように続いていく。

「僕が何を言いたいのか分かるだろうか」という教授の問いかけに、一人の学生がこう答える。大きな岩でいっぱいに詰まったように見える壺であっても、小さな岩であれば、さらに仕事を詰め込むことができるように、どんなにスケジュールが忙しいときでも、最大限の努力をすれば、さらに予定を入れることができる。

これに対して、教授は「違う」と答え、この寓話が暗示していることを話す。
「大きな岩を先に入れない限り、それが入る余地は、その後二度とない、ということなんだ」。そして教授は学生に問いかける。
「君たちの人生にとって〝大きな岩〟とは何だろう」

「それは、仕事であったり、志であったり、愛する人であったり、家族であったり、自分の夢であったり――。ここで言う〝大きな岩〞とは、君たちにとって一番大事なものだ。それを最初に壺の中に入れなさい。さもないと、君たちはそれを永遠に失うことになる」

壺の容積を自分の人生の持ち時間だと考えればいい。誰もが限られた時間しか持っていない。したがって、**自分にとって大事ではないもので時間を埋めていくと、自分にとって大事なものに割くべき時間を失ってしまう。**結果として大事なものを手に入れることができないまま人生を終えることになる。

大事なことに時間を使い、大事でないことに時間を使わない――これは二つの意味で難しい。

一つ目の難しさは、現代人は情報をインプットし、情報をアウトプットすることに忙殺されているからだ。朝日新聞の記事「SNSの時代、格闘は続く」(二〇一七年一月九日朝刊)によると、人類が創出した情報量は、二〇〇〇年に六二億GB(ギガバイト)だったものが、二〇一一年には一兆八千億GBに急激に増え、近い将来の二〇二〇年には四四兆GBになることが推測されている。一昔前に比べて私たちはおびただしい量の情報をインプットしている。人によっては、フェイスブックやインスタグラムでさまざまな情報を絶え間なくアウトプットしている。そのどちらも「自分にとって本当に大切な情報である」と胸を張れる人がどのくらいいるのだろうか。

二つ目の難しさは、人生において何が大事なことなのかを知ることは簡単ではないからだ。『星の王子様』（サン・テグジュペリ著／新潮文庫）の有名な台詞がある。キツネが王子に言った言葉である。「じゃあ秘密を教えるよ。とてもかんたんなことだ。ものごとはね、心で見なくてはよく見えない。いちばんたいせつなことは、目に見えない」

あなたにとって大事なことは何だろうか？　多くの哲学者が言うように、それは〝持つこと〟ではなく〝在ること〟に関係する。あなたはその大事なことに時間を使っているだろうか？

人生という大きな話ではなく、会社での仕事の仕方を振り返るときに、この寓話を使ってみてもいい。私たちのすべての活動は、緊急度と重要度という二つの軸によって、四つの領域に大別することができる。有名な「時間管理のマトリクス」だ。

第一領域とは「重要であり緊急である活動」である。締め切りのある仕事、クレーム処理、事故や災害への対応がこれに該当する。

第二領域は「重要ではあるが緊急ではない活動」である。将来を見据えた準備や計画、品質改善、健康維持、人間関係づくり、勉強や自己啓発などがこれに該当する。

第三領域は「重要ではないが緊急である活動」である。会議への参加や報告書の作成の多くがここに該当する。

第四領域は「重要でもないし緊急でもない活動」である。単なる暇つぶしという表現がぴったりで、だらだらとテレビを見たり、スマートフォンをいじったりという時間がここに該当する。

私たちが心がけるべきことは、第三領域と第四領域の時間を減らし、第二領域の時間を増やしていくことだ。そうすることで、次第に第一領域の時間が減り、ゆとりを持って重要な活動に取り組むことができる。

第4章

聡明さと創造的な仕事

№18

二人の商人

昔、江州の商人と他国の商人が、二人で一緒に碓氷（うすい）の峠道を登っていた。焼けつくような暑さの中、重い商品を山ほど背負って険しい坂を登っていくのは、本当に苦しいことだった。

途中、木陰に荷物を下ろして休んでいると、他国の商人が汗を拭きながら嘆いた。「本当にこの山がもう少し低いといいんですがね。世渡りの稼業に楽なことはございません。だけど、こうも険しい坂を登るんでは、いっそ行商をやめて、帰ってしまいたくなりますよ」

これを聞いた江州の商人はにっこりと笑って、こう言った。

「同じ坂を、同じぐらいの荷物を背負って登るんです。あなたがつらいのも、私がつらいのも同じことです。このとおり、息もはずめば、汗も流れます。だけど、私はこの碓氷の山が、もっともっと、いや十倍も高くなってくれれば有難いと思います。そうすれば、たいていの商人はみな、中途で帰るでしょう。そのときこそ私は一人で山の彼方へ行って、思うさま商売をしてみたいと思います。碓氷の山がまだまだ高くないのが、私には残念ですよ」

「めんどくさい」が仕事のやりがい

どんな仕事にも、その仕事特有の苦労がある。

二人の商人の苦労は、普通の人ならば体一つで登るだけでも大変な山道を、重い荷物を担いで運ぶことである。誰でもできる仕事ではあるまい。筋力や体力はもちろんのこと、忍耐力も必要だろう。仕事特有の苦労は、ある種の参入障壁になる。つまり、その仕事に新たに就きたいと思う人を思いとどまらせるのだ。

世の中には、「手間ひまがかかってめんどくさいわりにはお金が儲からない」という仕事は多い。確かに、それはその仕事のデメリットである。しかし、それは同時に参入障壁にもなっている。

先日、「〈プロフェッショナル　仕事の流儀〉宮崎駿スペシャル〈風立ちぬ　一〇〇〇日の記録〉」という番組の再放送を見た。この中で、宮崎が何度も発する言葉に私は衝撃を受けた。それは「めんどくさい」という言葉だ。「え、宮崎駿でも、めんどくさいって思うんだ」。私は驚いた。私は、宮崎駿レベルのクリエーターであれば、めんどくさいとは無縁だと思っていた。しかし、違っていた。

「めんどくさいっていう自分の気持ちとの戦いなんだよ」「大事なものは、たいていめんどくさい」「めんどくさくないとこで生きてると、めんどくさいのはうらやましいなと思うんです」。めんどくさいの連発である。

私は思った。みんな多かれ少なかれ「めんどくさい」という気持ちと戦いながら仕事をしている。「めんどくさいが仕事のやりがいを生んでいる」と考えてはどうだろうか。

№19

三杯の茶

石田三成はある寺の童子（寺院で仏典の読み方などを習いながら雑役に従事する少年）をしていた。

ある日、豊臣秀吉は鷹狩りに出かけ、途中、のどが渇いたのでその寺に立ち寄った。秀吉は「誰かいるか。茶を持って参れ」と望んだ。三成は大きな茶碗に七、八分ばかり、ぬるめのお茶を持ってきた。

秀吉はこれを飲んで舌を鳴らした。「うまい。もう一杯」。三成はまたお茶をたてて持ってくる。今度は前より少し熱くして、茶碗の半分に足りない量のお茶である。

秀吉はこれを飲んだ。少年の機智に感心した秀吉は、試しに「もう一杯」と望んだ。三成はまたお茶をたてた。今度は熱く煮立てた茶を、小さい茶碗に少しだけ入れて出した。

これを飲んだ秀吉は少年の気働きに感心し、住職に乞い求めて、小姓（武将や大名の側で雑用や護衛の任に就いた武士）として三成を使うことにした。才能を発揮した三成は次第にとり立てられて奉行職を授けられた。

少しの気配りが自分の仕事を生む

哲学者の内田樹は、『日本の論点二〇一〇』(文藝春秋)の中で次のエピソードを披露している。

あるとき武術家の甲野善紀ほか七人で連れだってレストランに入った内田は、メニューに「鶏の唐揚げ」を見つけた。「三ピース」で一皿だったので、七人では分けられない。仕方なく三皿注文することにした。すると注文を聞いたウェイターが「七個でも注文できますよ」と言った。「コックに頼んでそうしてもらいます」

彼が料理を運んできたときに甲野は彼にこう訊ねた。「あなたはこの店でよくお客さんから、『うちに来て働かないか』と誘われるでしょう」。彼はちょっとびっくりして「はい」と答えた。「月に一度くらい、そう言われます」

内田はこのエピソードを紹介した後、人間は「放っておくと賃金以上に働いてしまう」存在だと書いている。そのウェイターが、彼のできる範囲で、彼の工夫するささやかなサービスの積み増しをしたことをそう表現したのだ。

ほとんどの仕事は代替可能な仕事である。とくにアルバイトなどはそういう面が強い。しかし、そこに**自分のできる範囲で気配りや機智を加えれば、それは自分の仕事――自分だからこそできる仕事――に化ける。**

以上は、三成に焦点をあてた読みとり方である。これとは別の読みとり方も可能である。それは「三成という男を見いだした秀吉の逸話」という読みとり方である。

どんな才能も――とくに近代以前の社会であればなおのこと――良い目利きによって見いだされない限り、市井の中に埋もれてしまう。秀吉が二杯目の茶を所望したとき、秀吉の心の中には三成を試すという気持ちはなかったであろう。「もう少し茶が飲みたい」という単純な思いしかなかったに違いない。しかし、二杯目の茶が一杯目の茶よりも少し熱く、少なめの量だったことに感心し、三成を試そうとして三杯目の茶を所望した。

三成の機転に気づく秀吉がいたからこそ、この寓話は成り立つのである。

№20

2ズウォッティのモイシュ

穀物を売り買いする商人のところで、モイシュという名前の若い男が働いていた。賃金は週に2ズウォッティ（ポーランドのお金の単位）だった。長いことそこで働いてきたモイシュは、あるとき「自分の賃金はなぜこんなに少ないのか？」と主人に聞いた。「もう一人のモイシュが週に6ズウォッティもらっているのに、なぜ、自分は2ズウォッティなんですか？」。その穀物商のところでは、もう一人、モイシュという男が働いていたのだ。「まあ、待て」と主人は言った。「そのうち理由を教えてやる」

数日後、その穀物商の家の下の道を、十台ばかりの荷馬車が隊列を組んで通りかかった。主人は急いで2ズウォッティのモイシュを呼んで命じた。「道に下りていって、何を運んでいるか聞いてこい」。モイシュは道に下り、戻ってきて報告した。「トウモロコシを運んでいるそうです」。主人は命じた。「どこにトウモロコシを運んでいるか聞いてこい」。モイシュはまた道に下りて、荷馬車まで駆けていった。しばらくするとモイシュは戻ってきて報告した。「トウモロコシを市場に運んでいるそうです」。「急いで下りて、誰に頼まれてトウモロコシを運んでいるのか聞いてこい」。荷馬車はもう村はずれ

にさしかかっていたので、あわれなモイシュは犬のように走らなければならなかった。モイシュは走って戻ってくると言った。「隣町の町長さんに頼まれた荷物だそうです」。「じゃあ、トウモロコシの値段を聞いてこい」。モイシュは、荷馬車に追いつこうと、馬に飛び乗った。戻ってトウモロコシの値段を伝えると主人は言った。「そこで、少し待っておれ」

主人はもう一人のモイシュ、つまり6ズウォッティのモイシュを呼んで言った。「道に下りていって、さっき通った荷馬車の商人たちの様子を見てきてくれ」。6ズウォッティのモイシュは、馬にまたがって荷馬車を追った。少しして、モイシュは戻ってきて報告した。

「あの人たちは、隣町の町長さんに頼まれて、トウモロコシを市場に運んでいる商人たちでした。それで、売値を聞いて、すぐさま、それより少し高い値段で買うと申しましたら、重い荷物を運ぶのに疲れたので、うちの倉庫に荷を下ろすと決めてくれました。今、こちらに向かっています」

穀物商の主人は2ズウォッティのモイシュに言った。「これで、もう一人のモイシュとおまえの賃金が違う理由が分かっただろう?」

仕事は「一を聞いて十をやる」

この職場には二人のモイシュが働いていた。一人は週給2ズウォッティのモイシュ、もう一人は週給6ズウォッティのモイシュである。

2ズウォッティのモイシュは主人から言われたことはしっかりとやる若者である。言われたことをやらなかったり、言われたことと違うことをやったりすれば、主人から暇を出されてしまうに違いない。そういう意味で、2ズウォッティのモイシュはましである。

しかし、別の言い方をすれば、言われたことしかできない男である。一方、6ズウォッティのモイシュは言われたこと以上の仕事ができる男である。

「一を聞いて十を知る」ということわざを思いだそう。物事の一端を聞いただけで全体を理解するという意味で、非常に賢く理解力があることのたとえである。2ズウォッティのモイシュは「一を聞いて一をやる」男でしかない。

一方、**6ズウォッティのモイシュは「一を聞いて十をやる」男**であった。その違いは、主人から「〜を聞いてこい」という指示を受けたとき、「主人はどうしてそれが知りたいのか」を想像できるかどうかの差だ。

「子どもの使い」という慣用句がある。要領を得ない使い、あまり役に立たない使いを意味する。たとえば、上司が部下を非難するときに「子どもの使いじゃあるまいし。留守だと言われて、はいそうですかと帰ってきてどうするんだ」というように用いられる。2ズウォッティのモイシュがやっていたのは「子どもの使い」だったのだ。

ところで、子どものときのお手伝い経験（掃除、洗濯、買い物、調理、後片付け、育児、介護など）が仕事をする力を育てるという話をよく聞く。『お手伝い至上主義！』（三谷宏治著／プレジデント社）という本に、こんなことが書かれていた。

新興企業での話である。大学卒の新入社員が配属されてから数ヶ月後、配属先の管理職からクレームが上がってきた。今年の新入社員は「気が利かない」「段取りが悪い」「口ばかりで動かない」「教えてもらっても感謝しない」……要するに使い物にならないということだ。困惑した人事部では改めて社内調査を実施し、「使える人材」と「使えない人材」を分けるポイントを探った。そして分かったのは、**「使える」と言われた新人はみな子**

どもの頃に親の手伝いをした経験があり、「使えない」と言われた新人はしたことがない、という事実だった。「小さい頃のお手伝いの経験」が仕事の質を左右していたのだ。以後この会社では、「子どものときに親の手伝いをしたことのない人間は採用しない」と決めたという。

お手伝いの経験と仕事力はどう結びつくのか。お手伝いというのは、親から家庭内の仕事の一部を指示されて任される。その過程でコミュニケーションする力、段取りする力、計画する力、問題解決する力、最後までやり遂げる力などが自然に身につくと予想される。

№21

靴のセールスマン

香港で靴の製造会社を経営する人物がいた。

ある日、彼は、南太平洋の孤島に靴の市場が存在するかどうかを知りたくて、一人のセールスマンを派遣した。その男は、現地の様子を見てすぐに電報を打った。

「島の人間は靴を履いていません。よってここには市場は存在しません」

納得のいかない経営者は、別のセールスマンを派遣した。その男からの電報は次のような内容だった。

「島の人間は靴を履いていません。よってものすごい市場が存在します」

これにも納得のいかなかった経営者は、さらに別のセールスマンを派遣した。この男は、前に派遣された二人のセールスマンと違って、マーケティングの専門家でもあった。彼は、部族長や現地人にインタビューしたうえで、こう打電してきた。

「島の人間は靴を履いていません。そのため、彼らの足は傷つき、あざもできています。

私は部族長に、靴を履くようになれば島民は足の悩みから解放されると説明しました。部族長は非常に乗り気です。彼の見積もりでは、一足十ドルなら島民の七〇%が購入するとのことです。おそらく初年度だけで五〇〇〇足は売れるでしょう。島までの輸送経路と島内の流通経路を確立するのに要するコストを差し引いても、大きな利益が生まれる可能性のある事業だと思われます。早急に話を進めましょう」

需要は探すのではなく、つくり出すもの

一つの物事に対するとらえ方は人それぞれである。一人目のセールスマンは「島の人間は靴を履いていない」という事実から「市場は存在しない」と判断した。二人目のセールスマンは「島の人間は靴を履いていない」という事実から、「ものすごい市場が存在する」と判断した。同じ事実を見たのに、異なった判断が生まれてくるのは興味深い。

二人の違いは、物事をネガティブにとらえるか、ポジティブにとらえるかの違いだと考えてもいい。半分だけ水の入ったコップを見て、「半分しか水が入っていない」ととらえるか、「半分も水が入っている」ととらえるかと同じである。

さて、二人目のセールスマンと三人目のセールスマンはともに「ものすごい市場があるかもしれない」という可能性を感じた点では同じである。しかし、二人目のセールスマンはそこで終わった。それに対して、三人目のセールスマンはその可能性を確かめようとし

た点で優れている。

三人目のセールスマンの仕事ぶりで連想されるのは、顕在需要と潜在需要という二つの需要である。顕在需要とは、はっきりと現れて存在している需要であり、商品の購入に直接結びつく需要である。潜在需要とは、商品の価格が高すぎたり、情報が不足していたりするため、現実にはまだ顕在化していない需要である。

三人目のセールスマンは、顕在需要はまだないものの潜在需要はあるのではないかという可能性を感じ、その可能性を調査によって明らかにし、潜在需要を顕在需要へと変化させていく道筋をつくったのだ。

新しい販路を開拓しようとするとき、まず大事なのはその地域や現場に需要があるかどうかを確認することだ。顕在需要がなくても、潜在需要があればいい。顕在需要があれば、すぐに商売をすることはできる。しかし、多くの場合は既にそこで商売をしている人がいるので、付加価値は小さい。一方、潜在需要を掘り起こすことは手間とお金がかかるが、上手くいけば付加価値の大きいビジネスになっていく。

№22

鶏コレラ・ワクチンの発見

一八七九年のある日、ルイ・パスツール（フランスの生化学者：一八二二〜一八九五年）は三ヶ月のバカンスから戻ってきて、休み前にしていた実験を再開した。

通常、新鮮なコレラ菌の培養液を注射されたニワトリは二四時間以内に必ず死ぬ。ところが、三ヶ月間そのまま放置された培養液をニワトリに注射したところ、ニワトリは病気にはならず、ピンピンしていた。コレラ菌の培養液がなぜそのまま放置されていたのか。「細菌を短期間ごとに植え継ぐ」というパスツールの指示を助手が怠ったのだ。

助手のさぼりによって、実験は失敗に終わったように思えた。しかし、パスツールはこの失敗のもたらした幸運を見逃さなかった。彼は新鮮な培養液をそのニワトリに注射したのだ。そうすると、ニワトリは病気になることなくピンピンしていた。パスツールは偶然に訪れた機会を創造的に捉えることに成功した。彼は弱くなった細菌の培養液を使って、ニワトリに免疫をつけることに成功したのだ。こうして新しい事実が導かれた。「減弱された微生物は病気を起こさない。それは免疫を与え、ワクチンとなりうる」

幸運は「聡明さ」と「創造的な広い心」でつかむ

この逸話は、科学的発見でのセレンディピティの役割を論ずる際、決まってとりあげられる定番の話である。セレンディピティという言葉は、イギリスの作家であるホレス・ウォルポールが生み出した造語である。

彼が子どものときに読んだ古代ペルシャの「セレンディップの三人の王子」では「三人の王子たちは旅に出ると、いつも意外な出来事と遭遇し、王子たちの聡明さによって、彼らがもともと探していなかった何かを発見した」。これにヒントを得て、セレンディピティという言葉が生まれた。この言葉はしばしば「偶然の出来事がもたらす幸運な展開」といった〝ゆるい意味〟で使われている。しかし、こういうニュアンスだと、聡明さといった要素が抜け落ちてしまう。

ここで紹介した逸話で明らかなように、幸運な偶然の出来事というだけでは発見には結びつかない。幸運な出来事をつかむ人は、聡明さのある人だ。それがない人は幸運な出来事をとり逃がしてしまう。

聡明さと同時に大事なのは、創造的な広い心である。大発見をする人は、A点からB点に理詰めでコツコツ進むような人物ではない。Xを探しているときに、偶然に「何か分からない」Yにぶつかったとする。何か分からないからといってそのYを打ち捨てずに、粘り強くXとの関係性を考えるような人である。閉鎖的ではなく開放的で広がりのある知性を持った人だ。

この逸話の教訓は以下のとおり。自分にとって大切なものを探しているときに、探しているものとは別の価値あるものを偶然に見つけられることがある。ただし、それは**偶然の出来事を逃さない「聡明さ」と「創造的な広い心」**を持っていることが前提条件となる。

ここで話が終われば、教訓が得られる美しい話なのだが、実は後日談がある。

本項で紹介したのは「鶏コレラ・ワクチンの発見」にまつわる標準的な逸話であり、実際、ごく最近まで多くの伝記作家により繰り返し伝えられてきたものだ。ところが近年、この逸話は大きく揺らいでいる（『ルイ・パスツール』ルイーズ・E．ロビンズ著／大月書店）。当時の実験ノートを分析するうちに、鶏コレラ・ワクチンの発見は「たまたま」出現したものではなくて、主に助手の一人が長期に渡って、綿密かつ計画的に研究を進めた成果だったと結論づけられるようになったのだ。

ここでもう一つの教訓が導かれる。ときに科学者の逸話は割り引いて聞かなければいけない、ということである。

ライバルとの熾烈な競争ゆえに、実験は密室でなされる――それに加え、ごくごく限られた専門家以外には理解できない内容を一般人にも分かるようにかみ砕き、なおかつ面白おかしく伝えようとする過程で、逸話という物語は過剰に装飾され、一人歩きしていくこともあるのだ。

第5章

強い組織の精神

№23

悪者ぞろいの家

ある村の話である。二軒の家が隣り合わせで暮らしていた。一軒の家は七人家族であったが、七人はいたって仲むつまじく、争いごと一つ起きなかった。もう一軒の家は三人家族でありながら、毎日喧嘩が絶えず、みなが面白くない日々を送っていた。

あるとき、三人家族の主人が、七人家族の家を訪ねて聞いた。「お前さんの家は家族も大勢いるのに、喧嘩一つしたことがないと聞く。わしの家はたった三人の家族だというのに、毎日喧嘩が絶えず、修羅場のような有様だ。どうしておまえさんの家は、そう仲良く暮らせるのです?」。七人家族の主人は「それは、こうなんでしょう。私どもの家は悪者ばかりの寄り合いですのに、あなた様の家は善い人ばかりのお集まりだからなんでしょう」と言う。

三人家族の主人は合点がいかなかった。「どうも分かりませんね。七人も悪者が揃っていれば、いよいよ喧嘩が募るはずでしょう。悪者ばかりだから喧嘩がないというのは、どういうわけです?」

「いや、何も難しいことはありませんよ。たとえばですね、火鉢が転んでも、

茶碗が割れても、みなが『それは私が悪かった。いや私が不注意だった。いやいや私が軽率であった』と、お互いがわれ先に悪者になる競争をします。だから喧嘩の起こりようがないのです。ですのに、あなたの家ではこれと反対で、何か間違いがあると、みなさんが善い人になろうとなすって、『俺は知らぬ、貴様が悪い』とお互いが罪のなすり合いをするのでしょう。火鉢が転んだとしても、『貴様がこんなところに火鉢を置くから、俺が蹴倒したのも無理はない。暗がりの部屋に、ものを言わぬ火鉢を置くなんて馬鹿がいるか』と善い人になろうとするに違いない。茶碗が棚から落ちて割れても、『もともと棚の造りが悪いからだ。棚に置いた俺に落ち度はない。誰がこんな粗末な棚を造った？』と叱りたて、自分の罪を逃れようとするに違いない。だから、喧嘩の絶えることはありません。私の家では競って悪者になり、あなたの家では競って善い者になろうとする。その結果、私の家では争いごとが起こらず、あなたの家では争いごとが絶えないのでしょう」

こう言われて、三人家族の主人はなるほどと合点し、目を覚ました。それ以来、互いに譲り合うことに努め、円満な家庭になったという。

自分が「悪い」と思えば、周りが「良く」なる

「悪い人がそろった家」は自責思考の人の集まり、「善い人がそろった家」は他責思考の人の集まりと言いかえられる。自責思考とは「何か問題が起こったとき、自分に原因があると考え、自らの言動の改善を試みる思考」のことだ。一方、他責思考とは「何か問題が起こったとき、他人に原因があると考え、他人に対して言動の改善を迫る思考」のことである。

この寓話を、家族の話ではなく会社という組織の話に置き換えてみよう。**自責思考の人が集まった組織は問題に対してみなが当事者意識を持つので強い**。一方、**他責思考の人が集まるとみなが問題を他人事としてとらえるので、組織として弱い**といえるだろう。

たとえば、自分がミスをしたとき、自責思考の社員と他責思考の社員では状況の捉え方が異なる。自責思考の社員は、自分のやり方がまずかった、自分の確認が不十分だった、自分の努力が足りなかったと考える。反省は改善の母であるから、必ずや本人は改善に向

けた行動に出る。

一方、他責思考の社員は、自分への指示が曖昧だった先輩社員が悪い、サポートやフォローを怠った上司が悪い、マニュアルが整備されていない職場環境が悪いと考える。

結局のところ「問題の原因は自分の手の届く範囲にはなく、自分にできることはない」と考えてしまう。当の本人は観察する人になり、行動する人にはならない。問題は解決されず、そのまま残ってしまうのだ。


基本的に、デキる社員は自責的、ダメ社員は他責的というのは間違っていない。ただし、自責思考は万能ではない。

注意点は二つ。一つは、極端な自責思考は有害だということ。いきすぎた自責思考はストレスを生み、うつ病や精神疾患につながる危険性を持っている。もう一つは、自責思考が強すぎると、自分以外の他人の仕事、システム、社会環境などへの関心が薄くなってしまうこともあるので注意が必要だ。

№24

樽の中のワイン

山奥のユダヤ人の村に、新しいラビ（ユダヤ教における宗教指導者）が着任することになった。村人たちはラビが着任する日に、祝いの宴を開くことにした。ユダヤ教会堂の中庭に空の樽を用意し、前日までに村人それぞれが一瓶分の酒を樽の中に注ぎ入れておくことにした。

当日までに樽はいっぱいになった。新任のラビが到着すると、村人たちはラビを住まいに案内した。そして、ユダヤ教会堂に案内して、祈りを捧げた。その後、祝いの宴となった。しかし、どうしたことだろう、樽から注いだ液体はまったく酒の味がしない。それはまるで水のようだった。長老たちは新任のラビの手前、戸惑い、恥じ入った。突き刺すような静寂が立ちこめた。しばらくして、隅にいた貧しい村人が立ち上がって言った。

「みなさんに告白します。実は、みんなが酒を注ぎ入れるだろうから、わしが一瓶分ぐらい水を入れたって、誰にも分からないだろう。そう思ったんです」。間髪を入れず、別の男が立ち上がった。「実は、おれも同じことを……」。その後、次々に「わしもです」「おれもです」と言いだし、とうとう村人全員が同じことをしていたことが分かった。

「自分一人くらい……」がチームを壊す

この話の教訓は「自分一人ぐらいさぼっても……」が広がると組織は崩壊するということだ。誰かのさぼりや手抜きは、それを尻ぬぐいする人がいる限りは、表面化してこない。しかしながら、尻ぬぐいをする人よりも、さぼる人や手抜きをする人の方が多くなると一気に問題が表面化してくる。

岡田武史（元サッカー日本代表監督）は、これの類話である「祭りの酒」をしばしば選手に聞かせるという。ある講演会で次のようなエピソードを披露している。「全員で声を出して体操！」という号令をかける。しかし、実際に声を出して体操をしているのは三分の一ぐらいしかいない。「お前たち、全員で声を出してと言わなかったか？」と聞くと、「いや、僕が声を出さなくても、誰かが出します」と答える。「お前なあ、全員がそう思ったらどうなるんだ。一人ひとりが〈自分のチーム〉だと思わなくてどうするんだ」

「みんなのチーム」というと聞こえがいい。しかし、それは「自分一人ぐらい、少しぐらいさぼってもいいだろう」という甘えが隠れてはいまいか。**「自分の汗と知恵がチームを支えている」という強い気持ちを一人ひとりが持つこと**――それが「自分のチーム」という言葉の真意だろう。〈自分のチーム〉という強い気持ちが集まってできた「みんなのチーム」は無敵である。

№25

ひばりの引っ越し

春先になって、ひばりが麦畑に巣をつくった。

初夏のある日のこと、大勢の村人たちが麦畑にやってきて、「そろそろ、みんなで麦を刈らなきゃいかんなあ」と話していた。これを耳にしたひばりの子どもが「お母さん、麦刈りが始まるから、引っ越しをしようよ」と言った。しかし、ひばりのお母さんは「まだ、大丈夫よ」と答えて平然としていた。

数日たってから、三人の村人が麦畑にやってきて、「ぼちぼち、麦を刈らなきゃいかんなあ」と話していた。これを耳にしたひばりの子どもは「お母さん、もうダメだよ！　麦刈りが始まってしまうよ」と叫んだ。しかし、ひばりのお母さんは「まだ、大丈夫よ」ととり合わなかった。

さらに数日後、今度は村人が一人だけでやってきて「じゃあ、ぼちぼちやるか」とつぶやいた。そこではじめて、ひばりのお母さんは子どもに言った。

「さあ、逃げましょう」

「自分一人でもやる」が現場を動かす

私はこの寓話を『トヨタの上司』（ＯＪＴソリューションズ編著／中経出版）という本で知った。トヨタ高岡工場で働いていた社員が昔の職場の上司から聞いた「たとえ話」として紹介されている。その上司が言いたかったことは、次のとおりである。

工場内の掃除を「みんなでやらなきゃいかん」と掛け声をかけているうちは、誰一人として動かないものだ。そういう段階では、まだ現場は本気になっていない。「自分一人でもやる」。そう言ってほうきを持ち出してくるメンバーが出てきたとき、現場は本気で掃除をやる気になりはじめている。職場のリーダーはそこをしっかり見極めなければいけない。

この話の教訓はこういうことだ。「みんなでやろう」という掛け声は当てにならない。**「他の人はともかくとして、自分一人でもやる」。そういう気持ちが誰かから出てきたときにこそ、現場は動きはじめる。**

　これに関連して思い出すのは、多重チェックは逆にミスを増やしかねないという話だ。重大事故につながりかねない仕事では、ダブルチェックやトリプルチェックがなされるのが普通である。しかし逆に、こういう多重チェックによって安全性が低くなることもある。一人ではなく二人、あるいは三人でチェックすることによって責任が軽くなる気がして、「他の人が確認しているのだからきっと大丈夫だろう。自分が一生懸命確認する必要はない」と考えるからだ。

№26

水槽の中のカマス

水槽の真ん中に透明なガラスの仕切りをつくり、一方に数匹のカマスを入れ、もう一方にカマスの餌になる小魚を入れた。カマスは餌を食べようとして突進するものの、ガラスの仕切りにぶつかってははね返される。何度も何度も繰り返すうちに、とうとう諦めてしまった。

その後、透明なガラスの仕切りを取り除いても、カマスはけっして小魚のいる方へは行こうとしなかった。

しばらくしてから、新入りのカマスを水槽に入れた。すると、何も知らない新入りは、一直線に餌に向かって突進した。それを見ていた古株のカマスたちは「あの餌は食べられるんだ」ということに気づき、先を争って餌に向かって突進した。

*【カマス】日本では沿岸域に生息し、イワシなどの魚類を執拗に追い回して捕食する。口は大きく、鋭い歯を持つ、攻撃的で獰猛な魚として知られている。

組織の殻を破るのは、異質な人材

カマスは再三にわたり餌の小魚に向かって突進した。しかし、透明なガラスの仕切りに何度も阻まれるうちにだんだんやる気をなくし、ついには、餌を追わなくなってしまった。「学習性無力感」（米国の心理学者マーティン・セリグマンが発表した理論）と呼ばれる状態に陥ったのである。これは、努力を重ねても望む結果が得られない経験や状況が続くと、「何をしても無意味」だと思うに至り、努力を放棄してしまう現象である。

こういう無気力状態に陥っている組織は少なくない。無気力は個人の中で学習されて、蓄積されていく。それだけでなく、失敗したことがない人間にまで疑似体験として伝染していき、組織全体に広がる。

こういう**無気力感が蔓延している組織に活を入れるには、その組織に異質な人材を入れることだ。**転職者や新入社員が異質な人材の典型である。彼ら彼女らは、無知ゆえの強さ、経験がないがゆえの強さ、非常識ゆえの強さを持っている。

№27

ゴーグルをつけろ

イタリアのある化学プラントメーカーの話である。この会社では、作業中、目の中に異物が入るのを避けるため、作業員全員にゴーグルの着用を義務づけていた。しかし、実際のところゴーグルの着用率は高くはなかった。経営幹部や現場監督が「ゴーグルをつけろ」と命令しても、現場の作業員は言うことを聞かなかった。

経営幹部や現場監督が集まる会議では様々な意見が出た。「作業員の性根をたたき直す研修をしよう」という声もあれば、「作業員を悪者扱いすること自体が問題だろう」「作業員ではなく、監督者が悪いんじゃないか。監督者が作業員を指導するノウハウを学ぶべきではないか」という声もあった。

悪いのは作業員か現場監督か。いや両方悪い。いやいや経営幹部が悪い。堂々巡りが続いた。解決の糸口が見えないばかりか、険悪な雰囲気が漂いはじめた。

そんな矢先、社外からコンサルタントを招いた。会議の席でコンサルタントは問いかけた。「何が問題なんですか?」「作業員がゴーグルをつけないことです」

コンサルタントは次にこう問いかけた。「では、何が〝解決〟ですか?」

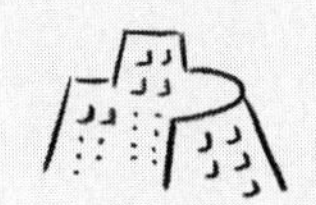

「作業員がゴーグルをつけるようになることです」。コンサルタントは続ける。
「どうしたら、それが実現するでしょうね？」。みんなは顔を見合わせた。
「それが分からないから苦労しているんだ……」。みんなはあきれかえったような顔をした。

しかし、誰かが冗談交じりに言った。「そりゃあ、かっこいいゴーグルに変えれば、みんながつけるんじゃないか」。一人がその発言に反応した。「イタリアの男にとって、かっこいいってことは大事なことだ。もしかしたら、いいアイデアかもしれないぞ」。他の人間も続いた。「じゃあ、ミラーのレイバンみたいな、かっこいいサングラス風のゴーグルっていうのはどうだ」
「おお、いいねえ。それならみんながつけるんじゃないか」

さっそく試しにかっこいいおしゃれなゴーグルをつくり、一つの班のメンバーだけに渡してみた。すると、その班のメンバーは全員が喜んでゴーグルをつけた。幹部たちは「これはいいぞ」と、かっこいいゴーグルを作業員全員に配布した。みんなが喜んでゴーグルをつけるようになったどころか、ゴーグルをつける必要がない場所でもゴーグルをつけるようになった。

問題に対する見方を変えてみる

通常私たちはある問題に直面すると、その原因を探そうとする。「どこが悪いのか」「何が悪いのか」と犯人探しを始める。機械の不具合であれば不良部品を見つけて、それを修理したり、取り替えたりすればいい。

しかし、組織の不具合はこうはいかない。機械のように不具合を特定することが難しい。たとえ〝不良品〟らしきものが判明しても、機械のように簡単に〝修理〟や〝取り替え〟ができない。さらに、組織の不具合はしばしば人と人の間で起こる。AさんもBさんも〝良品〟なのにAさんとBさんがチームを組むと〝不良品〟になることだってある。

ある問題に遭遇したときの対処の仕方には二つの方法がある。一つは原因追究志向、もう一つは解決探索志向である。原因追究志向とは「問題に焦点をあてる」方法である。「なぜ上手くいかないのか?」を考えて、その原因を探していく。解決探索志向とは「解決に焦点をあてる」方法である。「なぜ上手くいかないのか?」は横に置いておいて、「どうやったら上手くいくのか？」をあれこれ考える。

「ゴーグルをつけろ」の事例は、原因追究志向から解決探索志向へ変わることで成功した事例である。もちろん、前者が悪い方法で、後者が良い方法というわけではない。二つのアプローチを知っていれば、問題に対処する幅が大きく広がるということだ。


似たような話として「エレベーターと鏡」というものがある。「エレベーターの待ち時間が長すぎる。何とかしてほしい。改善されなければこのビルから出ていく」。こんなクレームが、オフィスビルに入っているテナントから上がってきた。解決策として出たのは、エレベーターを増設すること、最新式の高速エレベーターに取り替えることだった。しかし、どちらも莫大なコストがかかってしまう。

そんなとき、ある社員がこう提案した。「各階のエレベーターの前に大きな鏡を置きましょう」。その通りにしたら問題は解決した。ほとんどの人が鏡を覗きこみ、服装や表情、化粧の状態をチェックするようになった。けっして待ち時間が短くなったわけではないが、待ち時間を長いとは感じなくなったのだ。「エレベーターの待ち時間が長い」という問題を「エレベーターの待ち時間を長いと感じる」という問題に変換したのだ。

第6章

働く姿勢と働く意味

№28

ごましお頭と二人妻

あるごましお頭の男には、二人の恋人がいた。一人は男より年上で、もう一人は男より若かった。

年上のほうの女は、自分よりも若い男に近づくことを恥ずかしく思って、彼が自分のもとに通ってくるたびに、彼の黒い髪の毛を抜き取るのを怠らなかった。

若いほうの女は年寄りを恋人に持っていることを匿（かく）そうと思って、彼が自分のもとに通ってくるたびに、彼の白い毛を引き抜いた。

こうして彼は、二人から代わる代わる引き抜かれたので、とうとうしまいには禿頭（はげ）になってしまった。万事につけ、不釣り合いはケガのもと、ということである。

異性も会社もマッチングが大事

どういう異性と結婚するかは、自分と異性のマッチングの問題である。一般的には、生活レベルや味覚、価値観などが違いすぎると、その結婚は長続きしない。不釣り合いな結婚はケガのもとである。

同じように、**どこの会社でどんな仕事につくかも、自分と「会社や仕事」のマッチングの問題である。**一般的には、能力や興味、価値観の視点から両者の合致を考えるとよい。順に見ていこう。

一つ目は、会社が社員に求める能力と、自分の能力の合致。前者よりも後者が大きいと「仕事が物足りない」と感じ、前者よりも後者のほうが小さいと「仕事がきつい」と感じる。

二つ目は興味の合致。会社の事業分野と自分の興味や関心が重なり合っているかどうかだ。両者が合致していれば楽しく仕事ができ、そうでないと仕事に面白さを感じられない。

三つ目は価値観の合致。会社が大事にしている価値観、それと関係する社風に自分がどれぐらい共感できるかどうかである。これが違いすぎると、その会社を好きにはなれない。


さて、余談を少々。

一つの寓話に必ず一つの教訓が対応するわけでもない。中務哲郎は『イソップ寓話の世界』（筑摩書房）で、この話の教訓の変遷について紹介している。

イソップ版では「万事につけ、不釣り合いはケガのもと」という教訓で結ばれている。これに対して『イソップ風寓話集』の著者であるパエドレスとパブリオスは、それぞれ「愛しても、愛されても、男はいつも女からむしられる」「女の手に落ちた男は哀れ……女は海のように微笑みかけ、溺れさせる」と書いている。

ラ・フォンテーヌもこの系譜に連なり、男が髪の一件で、女たちの自分勝手な様子を知り、結婚を思いとどまる話に仕立て上げている。

日本語版では教訓がさらに変化し、「心多く定まらぬものには今世にも後世にも救いはない」（『三国伝記』）という仏教的な諭(さと)しとなり、さらに「色好みに耽(ふけ)るなかれ、二君に仕えるべからず」（『伊曽保物語』）という儒教的な道徳をまとうようになっていく。

　こうした教訓を、会社と自分に置きかえてみても面白い。

「不釣り合いはケガのもと」

「どれだけ会社を愛しても、社員はいつも会社からむしりとられる」

「転職しようかなどと目移りをする者は、この会社でも転職先でも救いは得られない」

「忠実な社員は、いったん主君を決めたら、他の主君に仕えてはいけない」……。

　どの教訓を選ぶかは読者のみなさんにお任せしたい。

№29

与えられたタラント

これから旅に出ようとしている主人は、三人の使用人を呼んでお金を預けた。一人目の使用人には5タラント、二人目の使用人には2タラント、三人目の使用人には1タラントのお金を与えた。そうして、主人はいつ戻るとも告げず、どこかに旅だっていった。

それから長い年月が流れ、主人が旅から帰ってきた。主人は使用人を呼んで、それぞれの財産を数えた。5タラントを受けとった一人目の使用人は、お金を二倍に増やしていた。2タラントを受けとった二人目の使用人も、お金を二倍に増やしていた。1タラントを受けとった三人目の使用人は、お金を増やすことなく、土の中に埋めて保管していた。

この結果を見た主人は、5タラントを10タラントにした使用人、2タラントを4タラントにした使用人をわけへだてなくほめたたえ、一緒に喜びあった。しかし、財産を土の中に保管して、手をつけなかった三人目の使用人に対しては、「怠け者」と罵り、外の闇に追い出した。

*【タラント】古代ギリシア・ヘブライの貨幣単位で「タレント＝才能」の語源でもある。

才能は使わなければ意味が無い

『借りの哲学』（ナタリー・サルトゥー＝ラジュ著／太田出版）を参考にしながら、この寓話について考えてみる。旅に出る主人から与えられたタラントとは各人が神から与えられた才能、長い旅とは「人の一生」のこと、主人の帰宅は寿命が尽きたことを意味する。また、旅から戻ってきた主人が財産を数えたのは、死んだ者が天国に行けるかどうかを判断したということである。天国に入れる人は自分の才能を無駄にしなかった人、天国に入れない人は自分の才能を無駄にした人ということだ。

生まれると同時に人は神から才能を与えられる。生きるというのは、その才能を世の中のために活かして一生懸命に生きることである。

才能は神からの贈り物である。それゆえにその贈り物は必ず受けとらなければならない。そして、それを世の中のために有効に使わなければいけない。

三人目の使用人は、贈り物を受けとりはしたものの、それを有効に使うことなく、ただ保管してそのまま主人に返そうとした。彼は正しい意味で贈り物を受けとらなかった。たとえ、三人目の使用人が与えられたタラントを増やすのに失敗してすべてを失ったとしても、主人は彼を非難しなかっただろう。

才能の配分は偶然である。神の采配次第だ。この寓話では、一人目の使用人には5タラント、二人目の使用人には2タラント、三人目の使用人には1タラントのお金が与えられた。

ずいぶん不公平だと思うかもしれない。しかし、5タラントの者が5タラントを儲け、2タラントの者が2タラントを儲けたとき、主人は両者を同じようにほめている。つまり、多くを与えられた者は多くを返さなければならない。少なく与えられたものはその分だけ返せばいい。そういう意味では公平なのである。

ここから、「分相応な生き方をすればよい」という教訓も導き出せるだろう。

神が求めるのは、**授けられた才能を活かすこと、与えられた力を出し切ることである。**

№30

ぶどう畑の雇われ人

ぶどう畑の主人が、朝早く起きて人を雇いに出かけた。すぐに人が見つかったので一日1デナリで雇うことにした。九時頃に市場へ行くと、ぶらぶらしている人がいるので、「私のぶどう畑へ行きなさい。一日の日当をもらえるでしょう」と言った。十二時と三時頃にも同じようなことがあって、また夕方の五時頃に市場へ行ったら、まだ仕事をもらいたがっている人々を見つけた。「働きたいならば、私のぶどう畑に行きなさい」と言った。

日暮れになって、主人は会計係をよんで、働いた者に給料を支払うように命じた。そして、夕方に来た人たちから1デナリずつを与え始めた。朝早く来た人は1デナリよりも多くもらえるだろうと思っていたところ、やはり1デナリしかもらえなかったので、主人に不平をこぼした。「私たちは一日中、暑さと闘って働いたのに、夕方にやってきてちょっと働いた人と同じでは不公平だ」。主人はこう言った。

「私は君に正しくないことをしたのだろうか。1デナリの約束に半分しか支払わないとでもいうのか。君は約束した日当をもってさっさと帰れ。夕方に来た者にも、私は同じ賃金を払いたいのだ」

*【デナリ】ローマ帝国が発行した銀貨。

個人の能力は社会のものでもある

現実世界に生きているわれわれの常識から考えると、朝からずっと働いていた人が不平を抱くのは十分に納得できる。報酬が労働時間や成果によって決まるのが私たちの約束事だからである。

この世の中は、優れた者が多くの報酬を得る、劣った者はわずかな報酬しか得られないという原理で成り立っている。こういう原理に対して、この話では別の原理が打ち立てられている。**「人間は能力の有無にかかわらず一人ひとりが『かけがえのない存在』であり、労働時間や成果によって比較されることはない」**という原理である。現実の世界ではなく、天上の世界の「愛の共同体」の話だからである。

では、この二つの原理はまったく相容れないのか。そうではない。その試みの一つが、政治哲学者ロールズの思想だ（『ヨーロッパ思想入門』岩田靖夫著／岩波書店）。

彼は基本的には能力主義を前提としながらも、能力は各人に偶然に配分されたものだから、それは自分のものではなくて「社会の共有財産」だと考える。力のある者の稼ぎ出した富を社会的弱者のために使い、力のある者は力のない者を助ける社会、力のある者はたくさん働けることに感謝し、力のない者は力のある者に感謝する社会を理想の社会と考えた。

ちょっと考えてみよう。自分の能力とは、神様によって偶然に配分された運なのか、それとも自分の努力によって積み上げてきたものなのか？　これは完全に分けることはできないと思う。なぜならば、努力ができるのも運のうちだからである。

二つの理由がある。一つは、努力ができるという生得的な資質があったということだ。たとえば、小学校の低学年ぐらいで同じ程度の知能があったとしても、努力ができる人（努力が苦にならない人）と努力ができない人（努力が嫌いな人）は分かれてしまう。そういう性格に生まれついたというしかない。

もう一つは、努力ができる後天的な環境で育ったということだ。勉強したくても勉強できない環境で育った人間と、勉強したければいくらでも勉強できる環境で育った人間がいる。極端な例を出せば、難民は前者に属し、現代の日本人のほとんどは後者に属する。

№31

三人のレンガ職人

旅人が、建築現場で作業をしている人に「何をしているのか」と質問した。

一人目の作業員は「レンガを積んでいる」と答えた。

二人目の作業員は「壁を造っている」と答えた。

三人目の作業員は「大聖堂を造っている。神を讃えるためにね」と答えた。

*【大聖堂】ローマ・カトリック教会における司教区の中心になる教会堂のこと。初代の大聖堂が造られたのは四世紀頃だと言われている。

目の前の仕事の目的を考えてみる

三人とも「レンガを積む」という同じ仕事をしているのに、「何をしているのか」という質問に対する答えが異なっている。

一人目の職人は「レンガを積んでいる」という行為そのものを答えただけである。

二人目の職人は「壁を造っている」というレンガを積むことの目的を答えた。

三人目の職人はまず「大聖堂を造っている」という壁を造る目的を答え、同時に「神を讃えるためにね」という大聖堂を造ることの目的を付け加えている。


人間の行為は必ず「何かのために、何かをする」という構造を持っている。一つの行為の目的にはさらにその目的が存在する。「目的と手段の連鎖」と呼んでもいいだろう。寓話を例にとれば、レンガを積む↓壁を造る↓大聖堂を造る↓神を讃えるという構造になっている。上位の目的が下位の目的を決めてコントロールしているのだ。

私はこの寓話から二つの教訓を読みとろうと思う。

第一に、できるだけ広く「目的と手段の連鎖」をイメージして仕事をするのが有益であるということ。一人目の職人より二人目の職人、二人目の職人よりも三人目の職人の方が有意義な仕事ができることは容易に想像できる。

ドストエフスキーは、人間にとって最も恐ろしい罰とは、「何から何まで徹底的に無益で無意味な労働」を一生科すことだと言っている。朝からレンガを積み上げ、夕方に一日かけて積み上げたレンガを壊すという仕事を想像してみよう。これは、まったく意味のない仕事である。

実際の仕事の場面ではこれほど無意味な仕事が与えられることはまずないだろう。しかしながら、その仕事が持っている意味を十分に分かっていないまま仕事をしていたり、非常に狭い範囲の「手段と目的の連鎖」しか知らされずに仕事をしたりしていることは多いのではないか。それは、囚人に与えられる拷問と五十歩百歩かもしれない。

第二の教訓は、自分の仕事は私の幸福や私たちの幸福とどうつながるのかを考えるということだ。先に述べた「手段と目的の連鎖」はどこまでも無限に続くのかというとそうではない。哲学者のアリストテレスによれば、「……のために」という目的の連鎖は「なぜなら幸福になりたいから」という目的にすべて帰結する。

たとえば、朝に洗面所で身だしなみを整えている大学生を考えてみよう。「何のために顔を洗ったり、髪をとかしたりするのか」「学校に行くためだ」「何のために学校へ行くのか」「良い仕事に就くためだ」「何のために良い仕事に就きたいのだ」という問いかけの連鎖は「良い人生を送りたいためだ」となり、それは「幸福でありたいためだ」と同じことを意味する。

同様に、会社員が現在している仕事に着目し、その目的を掘り下げていけば「良い人生を送りたいためだ」となる。そして、それは「幸福でありたいためだ」というところに行き着く。

自分がしている仕事は、私の幸福や私たちの幸福とどうつながっているのだろうか？

№32

子どもをしかる父親

「おい！　そんなところでゴロゴロ寝てないで！　勉強しなさい！」

「どうして、勉強しなきゃいけないの？」

「勉強しないといい学校に入れないだろ！」

「どうしていい学校に入らなきゃいけないの？」

「いい学校に入らなきゃ、いい会社に入れないだろ！」

「どうしていい会社に入らないといけないの？」

「いい会社に入らなきゃ、いい暮らしができないだろう！」

「いい暮らしって何さ？」

「……そうだな……寝て暮らせるってことだ……」

「ぼく、もう寝て暮らしているよ！」

仕事をしなくてもいい人生は幸せなのか？

子どもの質問に答えるうちに結局のところ「いい暮らし＝寝て暮らすこと」になってしまったという笑い話である。しかし、果たして働かないで寝て暮らすことが本当に私たちの求める幸福なのだろうか。直感として「違うよな」と思う。少なくとも日本人の労働観や人生観とは距離がある。

思考実験をしてみよう。三〇歳の時に年末ジャンボ宝くじを買って、一等・前後賞合わせて一〇億円が当たった人がいるとする。彼はすぐに仕事を辞め、それ以降はいっさい働かずに遊びほうけて暮らし、八〇歳で亡くなった。

ほとんどの人は宝くじに当たった幸運をうらやましいと思うだろう。しかし、果たして彼の人生そのものをうらやましいと思うだろうか。彼が一軒家を手に入れ、外車を乗り回し、世界中を旅行して優雅に暮らしたと聞いても、彼は五〇年間を無為に過ごしたと感じる人のほうが多数ではないだろうか。

人はなぜ働くのか。すぐに出てくるのは「生活費を稼ぐため」という答え（経済的要素）である。しかし、それだけではないだろう。食うには困らない資産を持っているのになおも働き続けている人がいるし、「体が動くうちは何らかの形で働きたい」と考える高齢者も多い。こういう事例を思い浮かべれば、働く理由は経済的要素だけではないだろう。

次に出てくるのは「仕事は義務だから」という答え（社会的要素）である。日本国憲法には「すべての国民は、勤労の権利を有し、義務を負う」（第二七条）と書いてある。社会が滞りなく運営されていくように社会の成員として役割を果たすこと――これも働く理由の一つであろう。


では、この二つだけなのか。そうではないだろう。右の二つ以外の「仕事を通じて得られること」――自己実現の喜びを感じられる個人的要素――を列挙してみよう。

①悪から逃れられること。「小人閑居して不善を為す」のことわざを思いだそう。小人物が暇を持て余すと、とかく悪事に走りやすい。私たちのほとんどは小人物である。昼間から酒浸りになったり、ギャンブルにのめりこんだりという状況から遠ざかることができる。

②他者と交流できること。 ほとんどの生産活動は他者とかかわらざるを得ない。同僚や取引先や顧客だけでなく、動植物との交流も含まれる。職場は厳しさが求められる〝戦場〟である反面、そこは親交の場でもある。

③自分の力を発揮できること。 人間に限らず動物は自分の能力を存分に発揮したときに喜びを感じる。逆に、自分の力を発揮できないと、人間は悶々とした状態に陥る。

④成長・進化できること。 いろいろな人と出会い、多くのことを学びつつ、様々な業務をこなすうちに、結果的に職業人として成長・進化していくことができる。

⑤承認欲求が満たされること。 上司から「よくやった！」「次も頼むぞ！」とほめられたり、顧客から「ありがとう！」「助かったわ！」という感謝の言葉をもらったりしたときに私たちは働きがいを感じる。それは自分の能力を認められ、自分の人格を肯定されたことを意味する。

「お金のため」「義務だから」というように、自分の外側にある目的のために仕事をするのではなく、「私が私らしくあるためにその仕事をしている」「私の心がその仕事をすることを欲している」――そうした内発的な働く理由があることを忘れてはいけない。

№33

効率の悪い畑仕事

孔子の弟子である子貢が南方の楚に旅行して、晋に帰る途中、漢水の南を通りかかった。

見るとひとりの老人が野菜畑を耕作しようとしている。地下道を掘って井戸の中に入り、瓶を抱えて外に出てきては水をやっていた。骨が折れて苦労の大きい割に仕事がはかどらないようだ。

見るにみかねて子貢は声をかけた。

「こんな仕掛道具をご存じですか。一日に百もの畝に水をまくことができます。労力がたいへん少なく、しかも効果はたくさん現れます。ご老人、ひとつ使ってみる気はありませんか」

畑仕事をしていた老人は、子貢を見上げながら言った。「どんな仕掛だね」。

子貢は、はねつるべの説明をする。「木を削って仕掛けを造り、後ろを重く前を軽くします。これで水を汲めばものを引き出すように汲めて、水があふれ出すように素早くまくことができます。その名をはねつるべといいます」

これを聞いた老人は顔色を変え、軽べつの笑顔を浮かべて言った。
「私の先生からこんなことを聞いています。便利な道具があると、必ずずるいことが生まれる。ずるいことが生まれると、必ずずるい心が生まれる。ずるい心が胸の中にあると、純白の美徳が失われる。純白の美徳が失われると、精神が乱れる。精神の乱れた人間は、道という支えがなくなる。はねつるべを、私は知らないわけではありません。恥ずかしいから使わないのです」

子貢は恥ずかしくなって顔を赤らめ、頭を垂れたまま何も答えられなかった。

*【はねつるべ】柱で支えた横木の一端に石を付け、他端に取り付けた釣瓶を石の重みではね上げ、井戸水を汲み上げる機械。

仕事の醍醐味は効率だけでは語れない

はねつるべを使えば、簡単に井戸から水を汲み上げることができる。しかし、この老人はこの便利な道具を使おうとしない。瓶を抱えて、地下道から井戸の中に入り、水を汲んでは畑にまく。端から見れば、こんなに効率の悪いことはない。

なぜ、こんなことをしているのか？　「便利な道具があると、必ずずるいことが生まれる。ずるいことが生まれると、必ずずるい心が生まれる」からである。これは老人の先生の教えだという。この部分の読み下し文を見てみると、「機械ある者は必ず機事あり。機事あるものは必ず機心あり」となっている。

広辞苑によれば、機事とは「物事をたくらむこと。巧みにおこなうこと」であり、機心とは「いつわりたくらむ心。機を見て動く心。活動を欲する心」である。唐木順三は『「科学者の社会的責任」についての覚え書』（筑摩書房）の中で「機心は一脈、投機心に通ずるものがあろう。また好奇心とも無縁ではない」「機械、機事、機心は、天然自然なナイーブなものの対概念である」と述べている。

もちろん、この老人は自力で水をまいているとはいえ、できるだけ効率の良い方法を考えながら作業をしているに違いない。しかし、はねつるべを使ってさらに効率を上げようとはしなかった。一線を引いたのである。いったん、はねつるべを使うようになれば、そのうちにさらに効率の良い道具、疲労の少ない道具を工夫するに違いない。それが仕事上の進歩であるものの、進歩はさらに一層の進歩を要求する。それは、留まるところを知らない。そう考えたのだ。

宇根豊は「『自給』は原理主義でありたい」(『自給再考』西川潤他著／山崎農業研究所)の中でこの寓話を取り上げ、なぜ老人がはねつるべを拒絶したのかをこう説明している。「その仕事自体を楽しんでいたのである。それは単純作業のように見えるかもしれないが、畑の作物のための仕事である。作物が喜んでくれるのである。それならば、ハネツルベを使っても、同じように作物は喜ぶのではないか、と反論する人がいるかもしれない。ところが、ハネツルベを使うと機械に頼る心（機心）が生じ、つい効率を求める心（機心）が、作物が喜んでいると感じる情感を衰えさせるのである」

生産は消費の手段だと考える農家の人は、作物をつくるために働いているのではなく、車や家電を買うため、海外旅行に出かけるために働いていることになる。農作業がより多くのモノを消費するための、より多くの余暇を手に入れるための手段であるとすれば、常に効率的な方法はないかと気が回るのは当然である。

しかし、農作業が決して消費や余暇といった目的のための手段ではないとしたら、農作業を効率だけで語ることはできない。仕事は何かを生み出すことであると同時に、他者と付き合う〈きっかけや手がかり〉でもある。

付き合うとは交歓、すなわち互いに打ち解けて楽しむこと、喜びを分かち合うことである。仕事は消費や余暇といった何か別の目的のための手段ではない――そう考えられる人は、仕事を効率だけで語ってはいけない。

第7章

正義の心と共同体

№34

天国と地獄の長い箸

地獄の食堂も極楽の食堂も満員だった。向かい合って座っているテーブルの上には、おいしそうなご馳走がたくさん並んでいる。地獄の食堂も極楽の食堂も決まりがあった。それは、たいへん長い箸で食事をしなければならないということだった。

地獄の食堂では、みんなが一生懸命に食べようとするのだが、あまりに箸が長いのでどうしても自分の口の中に食べものが入らない。食べたいのに食べられない。おまけに、長い箸の先が隣の人を突いてしまう。食堂のいたるところでケンカが起きていた。

極楽の食堂では、みんながおだやかな顔で食事を楽しんでいた。よく見ると、みんなが向かいの人の口へと食べものを運んでいた。こっち側に座っている人が向こう側に座っている人に食べさせてあげ、こっち側に座っている人は向かい側の人から食べさせてもらっていた。

奪い合うから足りなくなる

地獄の食堂には「自分のことしか考えていない」人間が集まっている。ご馳走をめぐっての争い事や奪い合いが絶えず、暴力がはびこっている。極論すれば、地獄の食堂の人間にとって他人は邪魔者であり、居なくなればいいとさえ思っている。

極楽の食堂には「自分のことだけでなく他人のことも考える」人間が集まっている。奪い合う関係ではなく与え合う関係が確立しているので、秩序と平和が保たれている。彼らは、他人が「そこに居る」ということを心より尊重し、自分一人の力では生きていけないし、生きていくためには自分以外の他者の力を借りなければいけないことを知っている。

また、こんな類別の仕方も可能である。地獄の食堂では人と人との心がつながっていないのに対して、極楽の食堂では人と人との心がつながっている。

地獄の食堂の人は「私は自分一人で生きている」と勘違いしている。一方、極楽の食堂の人は「人間は一人では生きていけない」ことを知っている。私たちは無数の他者のおかげで生きており、一人では生存できないという意味だ。ここで言うところの他者とは、家族や地域住民、同僚、同時代に生きている人々、人類が作りあげてきた技術環境や伝統、慣習、法律などのあらゆることを含んでいる。

社会問題の多くは奪い合いから生じる。人と人、部族と部族、国と国が何らかの資源をめぐり奪い合いを起こす。資源が希少だから奪い合い、資源が満ち足りているから与え合うのか。逆だ。**奪い合うから足りなくなり、分け合えば余るのである。**

地球には膨大な資源が存在する。足りないと騒ぐのは、資源の多くを本当に必要でないこと――軍備の拡張や贅沢な消費財――に使っているからではないか。

奪い合いの根底には「自分さえよければいい」「自分の国さえよければいい」という考えが潜んでいる。世界を見渡すと、「自分の国さえよければいい」言わんばかりに、そういう政策を推し進めようとする指導者が跳梁跋扈(ちょうりょうばっこ)している。そういう指導者の顔は例外なく傲慢で品性のない顔をしている。

№35

西瓜(すいか)泥棒

ある夏の夜、農家の婦人が幼き子を連れて我が家へ帰る際、畑に熟した西瓜が坊主頭の並ぶがごとく連なっているのを見た。月は澄み、まるで昼のようではあったが、人通りのない、夜中の田舎道のこと、婦人はふと良からぬ心を起こした。たくさんある西瓜の一つばかりを盗ったとしても分かりはしまい。

そう思った婦人は子を見張り番に立たせ、畑の中に入って、一番大きな西瓜に手を伸ばそうとした。しかし、何となく良心がとがめるような心持ちがして、止めておこうかとも思ったが、誰に知れることもないからと再び手を伸ばそうとした。

念のためにと、見張り番をさせている子に声をかけて「誰も見ていないか」と聞いたところ、子どもは言った。

「お母さん、大丈夫だよ。お月様の他は誰も見ていないよ」

この一言に婦人は震え上がるほどに良心の痛みを感じ、恐怖を抱きながら子のそばに駆け寄った。

「おお、よう言ってくれた。誰も人は見ていなくても、神様には見られているのだった。浅ましい出来心から取り返しのつかない罪を犯すところだったが、お月様が見ているとお前が言ってくれたおかげでこの罪を免れた。お前は天の使いである」

そう言って婦人は子を抱き上げて、接吻した。

「少しだけなら……」が命取り

悪事を犯すかどうかを逡巡するとき、悪魔はこんなふうにささやく。「誰も見てやしないよ……一個ぐらい盗ったって分かりゃしないよ……一回ぐらいかまやしないよ……」

悪魔の初手は優しく、罪に成るか成らないかの瀬戸際から誘惑を試みる。しかし、いったんその誘惑に応じると「……一度も二度も同じだよ……ここで思いとどまっても過去の悪事が消えるわけでもあるまい……一個盗るのも三個盗るのも同じだよ……」とさらなる誘惑を続け、悪事はだんだんエスカレートしていく。これが悪魔の常套手段である。

罪の意識は悪事を重ねるたびに小さくなっていく。ドストエフスキーも言うように「人間とは、どんなことにもすぐ慣れる動物」なのである。したがって、この話の教訓は**悪魔との戦い、つまり「悪事への誘惑」との戦いは最初が肝心である**ということになる。

「天知る、地知る、我知る、人知る」ということわざがある。一般的には「誰も知る者がいないと思っていても、天地の神々も知り、自分も相手も知っているのだから、不正は必ず露見するものだ」という意味で用いられる。また「人が見ているか、見ていないかで、己の言動を変えてはいけない。常に自分が正しいと思ったことを為すべきだ」という意味で用いられることもある。

「見られること」について少し考えてみよう。どんな人であっても誰かに見られていると悪事はしにくいものだ。では、リアルな人に見られているのではなく、人の目の絵や人の目の写真でも効果はあるのだろうか？　不思議なことに大きな効果があるのだ。

たとえば、北海道士幌町では不法投棄防止のために「人間の目玉の写真」を設置しているし、兵庫県神戸市では違法駐車禁止のために「目をアップにした看板」を設置しており、どちらも一定の効果をあげているという。空き巣だって「見られている」と落ち着かないので、部屋に入ったらすぐに飾ってある写真を伏せてから犯行に及ぶと聞く。リアルな人間ではなく、写真や絵であっても「人の目が気になる」のが、何とも不思議な人間の心理なのである。

№36

百万分の一の命

私の友人がメキシコを訪れたときの話だ。

夕暮れ時、人影の途絶えた海岸を歩いていると、遠くのほうに誰かが立っているのに気がついた。近づいてみると、メキシコ人の男が何かを拾っては海に投げ入れていた。よく見ると、それはヒトデだった。男は、引き潮で波打ち際に取り残されてしまったヒトデを、一つ一つ拾い上げては海に投げ入れていたのだ。

どうしてそんなことをしているのだろうと不思議に思った友人は、男に話しかけた。

「やあ、こんばんは。さっきから気になっているんだけど、何をしているのか聞いてもいいかね？」

「ヒトデを海に帰してやっているのさ。見ろよ、たくさんのヒトデが波で打ち上げられて、砂浜に取り残されてしまっているだろう。おれがこうやって海に投げてやらなかったら、このままひからびて死んじまうよ」

「そりゃあ、もっともな話だが、この海岸だけでも、何千というヒトデが打ち上げられているじゃないか。それを全部拾って海に帰してやるなんて、ど

う考えても無理な話じゃないかな？　それに世界中には、こんな海岸が何百もあるんだよ。君の気持ちは分かるけど、ほんの一握りのヒトデを助けたって、何にもならないと思うがなあ」

これを聞いた男は白い歯を見せてニッと笑うと、友人の言葉などおかまいなしに、またヒトデを拾い上げて、海に投げ入れた。

「いま海に帰っていったヒトデは心から喜んでいるさ」

そう言うと、また一つヒトデを拾い上げ、海に向かって投げ入れたのだった。

ごく小さな力でも大きなうねりを生むことができる

すべてのヒトデを救えないのだから、その行為は無意味である、一匹のヒトデだけを救うのは不公平である――これは屁理屈だ。その理屈は、自己欺瞞（自分の良心や本心に反しているのを知りながら、無理に正当化すること）の匂いを含んでいる。海に帰っていったその一匹のヒトデが心から喜んでいるのであれば、その一匹のヒトデを救うことには意味があるのだ。

困っている人の存在を知ったとき、私たちはまず「自分に何かできないだろうか」と思ったりする。しかし、すぐに「自分一人ができることなんてたかが知れている。そんなことをしたって、何も変わらない」と思い直す。漠とした無力感にさいなまれながら、日常生活の中に埋没していく。

しかしながら、正しく言えば、**人間一人の力は決して無力ではない、微力なだけである。**無力はどれだけ足し合わせても、掛け合わせても、その力はゼロのままである。それに対して、**微力を足し合わせたり、掛け合わせたりすれば、大きな力になりうる。**

バタフライ効果という言葉を聞いたことがあるだろうか。ある場所での蝶の羽ばたきが、そこから離れた場所の将来の天候に影響を及ぼすということを表している。この概念を最初に発表した気象学者エドワード・ローレンツの講演の題名「ブラジルでの蝶の羽ばたきはテキサスでトルネードを引き起こすか」がその由来である。

もちろん、風や波などの気象には数多くの不確定要素が関係してくるため、何が原因でどういう状況になったのかを説明するのはかなり難しい。しかし、実際にブラジルでの蝶の羽ばたきがテキサスにトルネードを起こす原因につながらないとはいえない。

最初の力がどんなに小さくても、その組み合わせや時間経過によってどれほど大きな影響が現れてくるかは誰にも分からない。これは、自然現象だけでなく、社会現象を語るうえでも有効である。ごく小さな変化がきっかけとなって、非常に大きい変化をもたらす可能性があるのだ。

№37

キツネとクマ

一人の男が森の中を歩いていると、ケガをしているキツネを見つけた。狩人たちに追いかけられ、必死で逃げているうちに、足の骨でも折ったのだろう。木の下に倒れているキツネは飢えて死にかけていた。

するとそこにハイイログマが現れた。クマは殺した動物を口にくわえて、引きずっていた。クマはキツネには目もくれない様子だった。餌食になった動物を食べて、その場を去るとき、動物の死骸の一部をキツネのそばに残していった。


翌日、男はまた森の中を歩いた。この日もクマはキツネのそばに餌を残していった。そして、三日目も同じことが起きた。男はこれまで見たことに思いをめぐらせた。

「もし神が傷ついた一匹のキツネのことを心にかけておられるなら、私のこともお忘れにならないだろう。このキツネのように神の愛を信頼し続けよう」

男は森の片隅にひざまずいて祈った。「父なる神よ、何が起ころうと、あなたを信頼し続けることを、この傷ついたキツネが教えてくれました。私も

あなたに心からおすがりします」

　男はそこに身を横たえ、神が何かをしてくださるのを待つことにした。一日が経過。何も起こらなかった。男はお腹がすいてやりきれなくなった。二日目が経過。何も起こらなかった。そして三日目が経過。やはり何も起こらなかった。男は腹を立てた。

「神よ、あなたはあのキツネを私より愛していらっしゃるのですか？　私があなたを信頼しているのに、あなたは私を省みてくださらない。なぜ、私に食べ物をくださらないんですか？」

　男は森を出て、町に戻った。通りを歩いていると、お腹をすかせている貧しい子どもに会った。これを見た男は、神をののしった。「神よ、ひどいではありませんか？　なぜ、あなたはこのあわれな子どもに何もなさらないのですか？」

「私は何かをしたのだよ」。神様の声が聞こえてきた。「私はあなたを人間として創造した。だが、私はあなたに失望している。あなたはあのクマを見習うこともできたのに、あのキツネのようであり続けようとしている」

あなたは他者のために何ができるのか

森の中で男が見たのは、ケガをしたキツネがクマに食べ物をもらう光景、逆にいえば、クマがケガをしたキツネに食べ物を与える光景だった。これを見た男は、自分がケガをしているわけでもないのに、クマではなくキツネになろうとした。お腹を空かせている男は、神様が何かをしてくださるのを待った。しかし、何も起こらなかった。

腹を立てた男は町に戻った。そこで見たのは、お腹を空かせている子どもたちだった。男はその子らに手を差し伸べようとはしなかった。神様が子どもたちに何かをしてくれるのを待つだけだった。しかし、神様は手を出さなかった。

こういう男の態度に神様は失望した。お前はクマを見習うこともできた。しかし、そうしなかった。与えることができる立場にいるのに、与える側の人ではなく、与えられる側の人であろうとした。

この話の教訓は「**与えられる人になろうとするな。与える人になろうとせよ**」である。この話を聞くと私は、「国があなたのために何をしてくれるのかを問うのではなく、あなたが、国のために何をできるかを問うて欲しい」という名言を思い出す。これは一九六一年にジョン・F・ケネディが第三五代アメリカ合衆国大統領に就任した際の演説の一部である。

さて、足りている人が足りていない人に何かを与える場合、二つの流れが存在する。一つは住民の納めた税金が国や地方自治体によって再配分される流れ。もう一つは個人による寄付の流れである。前者は正義に関することである。正義とは社会全体の幸福を保障する秩序を実現し維持することであり、これは政治と関わりが深い。一方、後者は心の広さという道徳に関係する。

哲学者のアンドレ・コント・スポンヴィルは『ささやかながら、徳について』（紀伊國屋書店）の中で正義と心の広さの違いについてこう述べている。「正義と心の広さとは、いずれも私たちと他人との関係にかかわる。……だが、心の広さのほうがいっそう主観的で、個人的で、感情的で、自発的であり、それに対して正義には……いっそう客観的で、普遍的で、知的で、思慮深いところがある」

日本には寄付文化が根づいていない。言うなれば、圧倒的な寄付後進国である。「AERA」に掲載された記事「税金で十分貢献　生活に余裕なし」（二〇一六年七月四日号）によれば、日本の二人以上世帯の年間平均寄付金額は平均三四〇三円（総務省・家計調査二〇一五年）にすぎない。「CAF WORLD GIVING INDEX」の世界寄付ランキングでは一四五カ国中一〇二位で、先進国の中では圧倒的な最下位である。寄付者の数も東日本大震災のあった二〇一一年の七〇二六万人をピークに右肩下がりだ。何が私たちを寄付から遠ざけているのか。

「日本は〝公共〟は国がやるものだという意識が根強く、納税で社会への責任を果たしていると思っている人がほとんどです」とのことだ。元来、日本人は身内やお客様にはたいへん親切である。しかし、その一方で他人には無関心であり、ことに社会的弱者（ベビーカーを押すお母さん、妊婦、障がい者、高齢者）には冷たい。

私は外国の町を歩いているとき、いくら無愛想で恐い顔をした若者でも、社会的弱者を見ると先を争って手を差し伸べる姿を何回も見た。日本を訪れる外国人に日本人が親切なのはお客様だからだろう。

まとめよう。「心の広さの対極にあるのは利己主義」（前掲書）である。利己主義は根強く、心の広さはか弱い。だから、私たちは基本的に利己主義者として生活している。しかし、だからといって、私たちは利己主義者だけの存在ではない。いつも心の広さを発揮することは無理にせよ、時に心の広さを示すことはできる。広い心とは気前のよさに通じる徳である。気前のよさとは、けちと浪費の中間に位置する。広い心で気前のよい行動をするとき、人間が本性として持っている利己主義から私たちはしばし解放される。

№38

スープの石

ある村の女の人の家を身なりのよい旅人が訪ね、何か食べ物をいただけないかと言った。「あいにく、何もないんですよ」と女の人が答えた。「ご心配いりません」と旅人はにっこり笑って言った。「このカバンの中にスープの石を持っていますからね。これを熱湯の中に入れさえすれば、世界一おいしいスープができあがります。大きな鍋にお湯を沸かしてください」

女の人は半信半疑で、かまどの上に大鍋をのせて、湯を沸かしはじめた。そして、隣のおかみさんにいきさつを耳打ちした。お湯が煮える頃には、近所の人が残らず、家にやってきた。旅人は石をお湯の中に落とした。そしてお湯をスプーンですくって、口にふくんだ。「なかなかうまい。ジャガイモが少し入ると上出来だ」

「ジャガイモなら、私の家にありますよ」。見ていた一人が言った。すぐさま自分の家にもどって、皮のむいてあるジャガイモをたくさん持ってきて、鍋に放りこんだ。旅人はまた一口、味見をした。「ああ、うまい！　肉が少し入ればすてきなスープになるのだが」

　別のおかみさんが家に帰り、肉を少し持って戻ってきた。旅人は感謝の言葉をかけ、肉を鍋の中に投げこんだ。そして、一口、味見をした。「実においしい！」。旅人は天をあおいだ。「あとは、少し野菜が入れば完璧だ！」

　また別のおかみさんが家に走って戻り、カゴいっぱいのニンジンとタマネギを持ってきた。鍋に野菜を投げこみ、しばらくして味見をした。そして今度は命令口調で言った。「塩とソースがいりますね」「ここにあります」と家の主（あるじ）の女の人が言った。

「めいめいのお椀を！」。ひとびとは家に走って戻り、お椀を持って戻ってきた。中には、パンや果物を持ってきた者もいた。

　旅人はみんなに、信じられないほどおいしいスープがなみなみと入ったお椀を配った。おしゃべりをしながら、みんなで作ったごちそうを味わった。その空間には笑顔があふれ、誰もがとても幸せな気持ちになった。

　楽しいパーティの最中に、旅人はこっそりと立ち去った。奇跡のスープの石を残して——。

「よそ者」が果たす地域への役割

旅人と「スープの石」が地域コミュニティの活性化に触媒的役割を果たした話である。スープの石は「何の変哲もない石」であって、石の中に旨み成分が染みこんでいる「魔法の石」ではない。「何の変哲もない石」が地域に眠っていた資源と、家の中に閉じこもっていた住民を引っぱり出し、それらが融合することで、祝祭的な空間が生まれた。

念のために触媒という言葉を説明しておく。触媒とは、化学反応の前後でそれ自身は変化しないものの、化合物どうしの反応を仲立ちする物質である。

地域コミュニティと旅人について考察してみよう。広井良典は『コミュニティを問いなおす』（筑摩書房）で、コミュニティを「人間がそれに対して何らかの帰属意識を持ち、かつその構成メンバーの間に一定の連帯ないし相互扶助の意識が動いているような集団」と定義したうえで、その特徴を次のようにまとめる。

①家族コミュニティの創出こそが、サルからヒトへの進化の決定的な要素である。
②家族コミュニティが漠然とした社会というものに直接つながるわけではなくて、間に中間的な集団として地域コミュニティが存在する。
③家族コミュニティ、地域コミュニティにかかわらず、母親的な存在が内部の中心的な役割を果たし、父親的な存在が内部と外部をつなぐ役割を果たす。

ここで注目したいのは、地域コミュニティは、外部に対して開いた性格を持っていることだ。安定した地域コミュニティには、母親のような存在（守り）だけでなく、父親的な存在（攻め）も必要である。**安定とはまったく変化しないということではない。大事な部分を守りながらも上手に更新を続けていくことである。**そう考えると、この旅人は地域コミュニティの外にいる父親的存在だ。

地域おこしに成功した土地には、多くの場合「よそ者、若者、ばか者」と呼ばれる人材が関わっている。「よそ者」だからこそ、外部からの客観的なものの見方ができる。「若者」だからこそ、しがらみにも旧来のやり方にもとらわれないでチャレンジできる。「ばか者」だからこそ、常識外れなアイデアをひっさげ、揺るぎない信念を持って活動に打ちこめる。この「よそ者、若者、ばか者」という存在が旅人と重なって見えてくる。

第8章

科学技術と社会の関わり

№39

カエルとサソリ

一匹のサソリが川岸を歩いていた。「向こう岸に渡れるようなところはないか」と探していたのだ。

そこにカエルが現れた。サソリはカエルに「俺をおぶって向こう岸まで連れていってくれないか」と頼んだ。するとカエルは言った。「冗談だろう。途中でお前は俺を刺すに違いない。そうしたら俺は溺れてしまう」

サソリはこう言い返した。「何て理屈の通らない言い草だ。君が死んだら、俺まで溺れてしまうじゃないか」

カエルは納得し、サソリを背負って川を渡りはじめた。ところが川の真ん中で、カエルは背中に鋭い痛みを感じた。「どうして刺した！　お前も溺れてしまうのに！」。カエルはサソリと一緒に沈みながら叫んだ。

するとサソリは言った。「分かってはいるけれどやめられない。それが俺の性（さが）なんだ」

「分かっちゃいるけどやめられない」という人間の性(さが)

この話の教訓は「**人が持って生まれた性格は簡単には変わらない**」ということである。同窓会やクラス会に出て数十年ぶりに友人に会ったとき、「あいつ、変わってねえなあ」と思うことがしばしばある。人間の根本的な性格は変わらない。

さて、私にはサソリが人間、カエルが地球に思えて仕方がない。地球がなくなってしまったら人間も絶滅してしまう。人間はバカじゃないからそんなことは分かっている。だから、普通に考えれば人間は地球を壊すようなことはしないはずだ。しかし、人間は地球を痛めつけ、破壊し尽くしてしまった。壊れていく地球は人間に聞いた。「どうしてこんなことをした？　お前はバカか？」。人間は答えた。「分かっちゃいるけどやめられない。それが人間の性(さが)だから」

そもそも地球は人間だけのものではない。人間が地球を痛めつけることは他の生物にとっては迷惑このうえない行為だ。近代以降、人間は自分を〝大地の主人〟であると勘違いし、自然に対して支配者的な態度を持つようになった。自然物を有用な資源と見なし、他の動物や植物をいかように扱ってもよいと考えるようになった。

人間は動物の扱い方を正当化する手段として、いくつかの動物たちを映画や小説の中で悪魔のように描いてきた。しかし、それは逆だろう。もしも動物たちが自分たちの宗教をつくりあげるなら、間違いなく、人間を悪魔として描くに違いない。

№40

猿と井戸の月

昔、インドの林の中に、五〇〇匹の猿が住んでいた。あるとき林の中を遊び歩いていて、ニヤグローダという木の下まで来ると、そこに一つの井戸があった。中をのぞくと、天上に輝いていた月が、真ん丸いその影を水に映していた。

彼らの頭目はこの月影を見て、他の猿に言った。「おい見ろ、月が死んで、この井戸の中に落ちているぞ。これを拾い出して、世の中から闇というものをなくそうではないか」

すると他の猿どもは「それは賛成ですが、どうやって月を拾い出すんですか」と聞いた。

頭目は答えた。「それはちゃんと俺が心得ている。俺がまずこのニヤグローダの枝につかまるから、お前たちの中で、いちばん大きな奴が俺の尾をつかむのだ。その次に大きい奴がそいつの尾をつかむ。こうして、次々に尾をつかんで井戸の中に下りていって、最後の猿が月を拾い出すのだ」

一同の猿は手をたたいて喜び、「それは実に妙案だ」と言い、いよいよ実

行に移した。

頭目が、ニヤグローダの枝にぶらさがると、他の猿がそれからそれへとぶらさがり、最後の猿が手を伸ばして水中の月をつかまえようとしたとき、猿全体の重みでニヤグローダの枝がぼきんと折れた。五〇〇匹の猿はざぶんと水煙をたてて、井戸の中、深く墜ちこんで、いずれも溺死してしまった。

「月はながめるものである」

この寓話の教訓は、**身の程知らずの望みを持つと失敗する**ということである。猿の仲間である人間も近年、月を捕まえようとして躍起になっている。

たとえば、月面に眠っている資源を開発しようというプロジェクトの一つとして、三菱マテリアルが宇宙航空研究開発機構（ＪＡＸＡ）と組み、将来に向けて月面基地の建設資材に使えるコンクリートについての共同研究を始めている。資源開発や宇宙観測のため二〇三〇年代に月面に有人基地を建設する構想があり、建物や道路などのインフラ部分に、月面の土壌に含まれるガラス成分から製造されるコンクリート・ブロックを使うことが想定されている。

もともと日本人にとっての月とは「うさぎが餅つきをしているところ」だった。日本だけでなく、韓国や中国、東南アジア諸国でも月面にウサギの姿を見るのが主流だ。これは、仏教説話の『ジャータカ物語』に由来する（『月の科学』青木満著／ペレ出版）。

また、日本人にとっての古典的な「あの世」のイメージは、山中や海上、そして月だった。日本最古の仮名書き文学作品とされる『竹取物語』を思い出してほしい。竹から生まれたかぐや姫は、竹取の翁と妻の嫗に育てられ、みるみるうちに美しい女性へと成長していく。しかしある日、かぐや姫は「自分は月の住人であること」を明かし、次の満月の晩に月へと戻っていく。月とは「あの世」のことである。かぐや姫は「あの世」で罪を犯したので、罰としてこの地球で「生きる」ことになった。そして、しばらくすると地球を離れ、お迎えとともに「あの世」へと旅立っていった。

さらに、小説家の夏目漱石が英語教師をしていたとき、生徒の一人が「I love you」の一文を「我君を愛す」と訳したのを聞き、「日本人はそんなことを言わない。月が綺麗ですね、とでも訳しておきなさい」と言ったという、有名な逸話が残っている。

こうしたイメージを一気に壊したのが、一九六九年七月二〇日、人類初の有人月面着陸に成功したアポロ一一号だ。「一人の人間にとっては小さな一歩だが、人類にとっては偉大な飛躍だ」というニール・アームストロング船長の言葉に多くの日本人は感動を覚えた。

そんなとき、コラムニストの山本夏彦は「何用あって月世界へ——月はながめるものである」(『毒言独語』中央公論新社)と書いた。山本夏彦流の皮肉である。

月面の資源開発が進んでいるというニュースを見て、山本夏彦と同じような感想を持った。月を遠くから眺める行為と、実際に月に行く行為、月の資源を開発するという行為は、明らかにレベルが違う。科学技術は存在するものを「何か役立つもの」として発見する。その「何か役立つもの」という観点からのみ、その存在と関わる。近代人にとっての月は、人間が享楽と快楽を得るために役立つ資源のありかでしかないのか。

ここで出てくるのが「人類は宇宙を掻き乱してもいいのか」という問いである。宇宙ビジネスや宇宙旅行、その先に見えている宇宙への移住など、その賛否はともかくとして、人類が宇宙に進出した場合にどういう未来が予想できるのだろうか。

『宇宙人類学の挑戦』（岡田浩樹他編／昭和堂）に、次のような「グロテスクな未来」が描かれている。小惑星は無数にあり、移住する候補先にはことかかない。移住先の環境に適応できず、絶滅する社会もあるだろうが、環境に上手に適応しながら、生き残っていくことに成功する社会もあるだろう。

ただし、そこに生きる人類がどんな姿をしているのかは想像すら難しい。遺伝子工学やサイボーグ医療、ナノテクノロジーによって自らを進化させながら、様々な環境に適応した人類は、「われわれが想像するより奇妙どころか、われわれが想像できるより奇妙」（生物学者のＪ・Ｂ・Ｓ・ホールデン）な姿になっているだろう。それは宇宙視点から見れば多様で豊穣な進化かもしれないが、地球視点から見れば不気味で恐ろしい未来の到来だ。

しばしば宇宙開発は夢や希望という言葉で語られる。しかしそれは、よりよい明日が待っているといったバラ色の夢でも、絶滅に瀕した人類が宇宙に活路を見いだすという可能性を秘めた希望でもない。もっとグロテスクな希望である。

人類が宇宙進出していく動きは、海の生命が陸上へ進出し、アフリカで誕生した人類が森からサバンナへ、やがては世界へと広がっていったことの延長として語られる。好奇心を満たすこと、生存圏を広げることが人間の性（さが）ならば宇宙進出の動きは止めようもない。

こうした動きは、専門家による科学技術的な知がイニシアティブをとりながら、資本主義の持つフロンティア精神、国家的威信と軍事的示威などと歩調を合わせながら進んでいく。専門家は科学技術の進歩は人間の幸福につながるという前提のもとで仕事に取り組んでいる。しかし、専門家ではない一般人からすると、その手の科学技術の進歩が自分の幸福にどうつながるかは想像がつかない。**狭くて厳密な〈専門的な知〉を広くて豊かで曖昧であるがゆえに洞察力に富んだ〈常識的な知〉によって検証する必要があるのではないか。**

№41

魔法使いの弟子

ある日、魔法使いの親方が弟子に仕事を言いつけて外出した。「私が帰るまでに風呂の水をいっぱいにしておくように」

一人になった弟子はベッドにごろりと横になった。「水汲みなんて面倒だな。楽にできる方法はないかな？　そうだ！」。弟子は飛び起きて、ほうきに魔法をかけた。「ほうきたちよ、川の水を汲んでこい。そして、その水を風呂の中に入れるのだ」

すると、ほうきから小さな手が出てきて、両手に二つのバケツをつかみ、川に向かって歩き出した。「うまくいったぞ！」。弟子はうれしくてたまらない。ほうきは、川で汲んだ水を風呂に入れ、それが終わると、また川に向かって歩き出した。あっという間に、風呂の水はいっぱいになった。

「さあ、終わったぞ！」。弟子はにっこりと笑った。ところが、ほうきはいっこうに水汲みをやめない。やがて、風呂からあふれた水は、床一面に広がっていく。「やめろ！　もうおしまいだ！」。弟子が命令してもほうきは仕事をやめない。一階は水浸しになった。

「早く、魔法をとかなければ……」。しかし、いくら考えても、魔法をとく呪文を思い出すことができない。「そうだ。ほうきを壊そう」。弟子は斧を持ってきて、ほうきを真っ二つに切った。すると、ほうきは二つに増えて、今までの二倍の水を運びはじめた。斧でほうきを切るたびに、どんどんほうきは増え、運ばれる水の量もその分だけ増えていった。
「これじゃあ、溺れてしまう」。弟子が二階に逃げだしたとき、魔法使いの親方が帰ってきた。
「なんだ、これは！」。驚いた親方は、大急ぎで呪文を唱えて、ほうきの水汲みを止めた。
弟子が親方からたっぷり叱られたのは言うまでもない。

科学技術の進歩と「人間の善き生」

これはヨーロッパに古くから伝わる寓話である。ドイツの文豪ゲーテは、これを詩文に取りこみ、フランスの作曲家ポール・デュカスはそれを交響詩として楽曲化している。そして、何よりこの寓話を世の中に広く知らしめたのは、ウォルト・ディズニー制作のアニメーション映画『ファンタジア』（一九四〇年）であった。

さて、この寓話の教訓は何だろうか。日常的な視点から見れば「怠け心を起こすと結局はためにならない」「中途半端な知識で事に当たると大変なことになる」「始めることは誰にでもできる。終えることを知るのが名人である」といったところになろうか。

日常的な視点ではなく、文明論的な視点からこの寓話を味わってみると、どんな教訓を導きだすことができるだろうか。

文明批評家のルイス・マンフォードは『現代文明を考える』（講談社）の中で「『魔法使いの弟子』のそらおそろしい寓話は、写真から美術作品の複製、自動車から原子爆弾にいたる私たちのあらゆる活動にあてはまります。それはまるで、ブレーキもハンドルもなくアクセルしかついていない自動車を発明したようなもので、唯一の操作方式は機械を速く働かせることにあるのです」と述べている。

マンフォードの言わんとするのは、**理念なき科学技術の進歩は「ブレーキもハンドルもなくアクセルしかついていない自動車」**のようであり、それは人間喪失の危機をもたらすということである。

私には「ほうき」と「原子力発電」がだぶって見えた。弟子も私たちも楽をしようとした。弟子は止まらない水に、私たちは増え続ける汚染水を前に、あたふたしている。二本が四本に、四本が八本にというように増えていくほうきの姿が核分裂を想起させる。寓話では魔法使いの主人が帰ってきて呪文を唱えて一件落着となった。しかし、私たちは呪文を持っていない。

おさらいをしておこう。二〇一一年三月一一日の東日本大震災による福島第一原子力発電所のメルトダウン事故は衝撃的だった。原発事故は、自動車事故や飛行機事故とは次元が異なる。いったん放射能漏れが起きると、広範囲の土地が長期間にわたって使用できなくなる。土壌が大規模に汚染され、そこに生息していた多くの生きものたちにも被害がおよぶ。それだけでなく、長い年月をかけて蓄積されてきた伝統や慣習といった英知が破壊される。地域からの退去を宣告された住民は、働く場所と生きる場所を失い、地域コミュニティは崩壊する。

仮に、原発事故が再臨界にいたって大爆発を起こした場合、当時の菅直人首相が口走ったように「東日本が壊滅する」だけでなく、東京も壊滅する可能性があった。「ついに科学技術は、われわれが使いこなせるような限界を超えてしまった」という思いを多くの日本人が持った。

ここで出てくるのは「科学技術の進展についてどこかで線を引くことができるのか、できるとすればその根拠は何か」という問いである。そういう根拠はなく線も引けないので基本的に科学技術は前へ前へと進んでいくしかないという考え方がある。もう一方に、線を引く根拠を設定してどこかに線を引こうという考えがある。アクセルのみがついた自動車が前者、アクセルだけでなくブレーキやハンドルがついている自動車が後者だと考えればいい。

たとえば、「新幹線の次はリニアモーターカーだ、リニアモーターカーの次は何だろうか」と考えるのが前者である。「新幹線はともかくとして、リニアモーターカーなんて必要ない。莫大なお金を投入し、自然環境を破壊してまでつくる必要はない。狭い日本でそんなに急いでどこへ行くのか」と考えるのが後者である。

人類は、原理的には分割不可能とされてきた原子核を分裂させ、天然には存在しない放射性元素を人工的に創造することで、ものすごい破壊力を秘めた核エネルギーを解放した。その解放された核エネルギーを人間が自分の手の内で制御するのは離れ業でしかない。この離れ業が「人間の善き生とは何か」という問いを置き去りにしたまま、産業の発展と経済の成長、利便性の向上という近代人の夢想と結びついてしまった。

人間は原子の世界で生きることしかできない。そこを乗り越え、核の世界に手を伸ばそうとするのは、人間の奢りである。離れ業は神業と言いかえられる。核の世界は神の領域である。自分が神ではないことをわきまえている人間の徳を「謙虚」という。

№42

水車小屋の男

今ここに、水車をたった一つの生活手段とする一人の男がいるとする。この男は、祖父の代からの粉ひきで、粉をうまくひくには水車のどこをどう取り扱わねばならないか、見よう見まねでよく心得ている。この男は、機械の知識は一向にないのだけれど、いい粉を割りよくひくために、水車の部分々々の調整をするのはなかなか手慣れたもので、それによって生活し、暮らしを立ててきたのである。

ところで、この男がふと水車の構造を考えてみようという気を起こして、機械のことでなにやらあいまいな意見を聞いたあげく、いったい水車のどこがどうしてまわるのかと、観察しはじめた。

そして、受け口からひき臼に、ひき臼から心棒に、心棒から車に、車から堰(せき)へ、堤(つつみ)に、水にと観察を進めていくうちに、とうとう、すべての鍵は堤と川にあると悟ったのである。この男はこの発見に有頂天になって、前のように、出てくる粉の質をくらべ、ひき臼を上げたり下げたり、それを磨いたり、また、ベルトを張ったりゆるめたりするかわりに、川を研究しはじめたのだ。それで、男の水車はすっかり調子が狂ってしまった。

そんなことはよしたほうがいいと、みんなも勧めたが、男はそう忠告した人たちと言い争ったあげく、やはり、川の研究を続けた。こうして、この男は、長い間、川のことだけをくり返し、くり返し考え続けたばかりか、その考え方の誤りを指摘した人たちとも、熱心に、何度も言い争ったので、しまいには、川がつまり水車だと信じ込んでしまったのである。

こうした考えを誤りだとするいっさいの論証にたいして、この男は答えるだろう。

「どんな水車も水がなければ粉をひけない。したがって、水車を知るには、どうやって水を引いたらいいか、知らなければならない。水の働く力を、水の流れ方を知らなければならない。だから、水車を知るには川を知らなければならない」

科学や技術の目的とは何か

トルストイの『人生論』（角川文庫）の冒頭に置かれた寓話である。結局、人間の知的活動なんてものは、人生の問題を解決するには役立たないのではないか、それどころか、人生の問題をより複雑にし、その解決をより困難にしているだけではないか――そんなことを言いたかったのだろう。

トルストイはこの話の後に「すべてものを考える場合、だいじなのは、考えることそのことではなくて、考える順序だと言うこと、つまり、はじめになにを考え、あとになにを考えるか、それを知らなければ、いくら考えてみたところで始まりはしない……」と書いている。

粉ひきの目的は粉をうまくひくことである。この目的を忘れてしまい、臼や車や堤や水についていくら考えてみても――それがいくら論理的ですばらしくあっても――無益なだけだ。「人生とはあの男が研究しようとした水車である。水車は粉をうまくひくために必要なのだ。人生は人を幸福にするために必要なのだ」。幸福な人生をつくっていくこと、善き人生をつくっていくこと――これこそが科学や技術の目的であり、それが出発点でなければならない。

しかしながら、いつのまにか**もともとの目的から離れてしまい、まったく別の目的が取って代わってしまっているというのが現代である。**

政治学者の姜尚中は『悩む力』（集英社）の中でこの寓話を引用し、「トルストイのテーゼは徹底的に『反科学』です。科学はわれわれがなにをすべきかについてなにも教えてくれないし、教えてくれないばかりか、人間の行為がもともと持っていた大切な意味をどんどん奪っていくと考えました」と述べている。

確かに私たちは好奇心を源にする科学によってどんどん知識を増やしている。しかし、それは私たちに「何をなすべきか」を教えてくれるわけではないし、逆に人間が根源的に持っている大切なものがどんどん消失しているような気さえする。

哲学者のレオ・シュトラウスは「近代人は盲目の巨人である」（「進歩か回帰か」『古典的政治的合理主義の再生』ナカニシヤ出版）と言った。現代人が昔の人より知識の量で勝っているのは誰もが認めることだ。そして、そういう膨大な知識を裏付けにした科学技術の発展によって人間は巨大な力を得た。そういう意味で近代人は巨人である。しかし、巨大な力に対応する形で知恵や善良さが増したとは言えない。

本来、大きな力を持つものはそれに応じた責任を果たさなければならない。忘れてならないのは、科学技術の発展が「何が善であり、何が悪であるか」という価値判断を留保したまま前進を続けていることである。真善美はもともと一体のものであったのに、真、ことに科学的真だけが独走し、善と美が置き去りにされたような状態になっている。そういう意味で近代人は〝盲目〟である。

第９章
人生の道理と「有り難う」

№43

二人の旅人と熊

二人の男が旅をしていた。ある大きな森の中の道を歩いていると、目の前に一頭の熊が現われた。それにいち早く気がついた一人は、友だちにかまうことなく急いで近くの大木によじ登って、身を隠した。もう一人の男は逃げ遅れてしまい、仕方なく地面に倒れて死んだふりをした。熊は生きた人間は食べるが死人は食べないという話を聞いたことがあったのだ。熊は鼻をくんくんさせながら、男の臭いを嗅ぎ始めた。男はじっと息を殺し、辛抱強く死んだふりをしていた。しばらくすると熊はあきらめ、森の奥に姿を消した。

熊の姿が見えなくなると、木の上に隠れていた男が降りてきた。「ずいぶんしつこい熊だったねえ。熊が君の体を嗅ぎまわったときは本当にひやひやしたよ。ところで、あの熊は君の耳もとに口を近づけて、何か話をしているように見えたけど、何か言ったのかい?」

もう一人の男は答えた。「ああ、熊の奴は確かに言ったよ。友だちが危険な目にあっているのに、その友だちを見捨てて、自分だけ逃げてしまうような薄情な人間とは、もう一緒に旅をするな、と」

「どういう友と旅をするべきか」がこの寓話の問いである。旅を人生の例えと解釈すれば「どういう友だちと人生を歩むべきか」という問いに広げることもできる。

アリストテレスは『ニコマコス倫理学』（光文社古典新訳文庫）で、友人関係になる動機として、有用性に基づく愛、快に基づく愛、善に基づく愛の三つをあげる。役に立つから、愉快で楽しいから、人間性に惹かれてという三つの理由に分かれるということだ。

損得なしの関係こそが長続きする

有用性や快に基づく友人はある種の道具である。自分にとって何かしら良いものが相手から得られるから付き合っているのだ。道具は代替可能なので、この関係は移ろいやすい。

善に基づく友人は、決して道具ではなく、かけがえのない一人の人間である。この場合、自分にとって良いものが得られること以上に、相手が良くなることを願って付き合っているという点で他の二つとは異なる。「善に基づく愛」の寿命は長い。

№44

二匹のヤマアラシ

冷たい冬のある日、二匹のヤマアラシは凍えることを防ごうとぴったり体を寄せ合った。

だが、まもなく相手のトゲが自分の体を刺して痛いので体を離した。離れると寒くなり、くっつくと痛い。

そういうことを繰り返していくうちに、ついに、お互いを傷つけずにすみ、しかもほどほどに暖め合うことのできるような間隔を発見した。

良い距離感が良い人間関係をつくる

人と人との距離感には二つの種類がある。一つは物理的距離感、もう一つは心理的な距離感である。ここでは、心理的距離感について考えてみる。

人間は矛盾した二つの願望を持つ。「一人だと淋しい」「誰かと一緒にいたい」「助けてほしい」という依存願望と、「一人は気楽で良い」「他人は煩わしい」「お節介はお断り」という自立願望だ。人は、この両方を満たそうとして他人と「適度な距離」を保とうとする。

自分にとっての「適度な距離」とは、自分にとって「心地良い距離」である。ここでやっかいなのは、**自分にとっての「心地良い距離」と相手にとってのそれが必ずしも一致しない**ことだ。このズレを上手に調整する人を世間では如才ない人（対人関係をそつなくこなす人）と呼ぶ。

如才ない振る舞いの例を考えてみよう。友人から飲み会に誘われたとき、「参加したくない」と心の中で思ったものの、同時に「断ると悪い……しょうがない……参加するか……」と頭の中で考えたとする。心に従うか、頭に従うか。

こんなとき、いつもゼロ（参加しない）、いつも百（参加する）は得策ではない。二回に一回ぐらい参加する、体調や家族の事情などを理由にして早めに退席する――そういう中間的な引き受け方をするのが気の利いたやり方である。

悪意のない適切な嘘は知性の表れであり、心の健康を保つために役立つ。

No 45

狩人と鳥

昔々、人間のように話ができる鳥を捕まえた狩人がいた。「もし私を放してくだされば」と鳥は訴えた。「私はあなたに三つの賢いことをお教えいたします」。

「それを教えてくれ」と狩人は言った。「そうすればおまえを自由にしてやる」

「第一のことは」と鳥は言った。「自分のしたことを決して後悔しないこと、第二は可能でないことを信じないこと、そして第三はあなたの目線を高い所に置かないことです」

「よく教えてくれた」と狩人は言って鳥を放した。鳥はすぐさま木の上に飛んでいくと、くちばしを開いて言った。

「おバカさん、なぜ私を放ってくれたの？　私の餌袋には一千ディナール以上の価値のある真珠が詰まっていたのに！」

これを聞いた狩人は、その木に登って枝から枝へと飛び移り、追いかけ回したが、ついには落下し、脚を折り、全身がすり傷だらけになってしまった。

「おやおや、おバカさん」と鳥は言った。

「あなたは私があげた三つの助言のどの一つもまじめに受け止めていないのね。自分のしたことを決して後悔しないと助言しましたよ。なぜあなたは私を自由にしたことを後悔しているの？　可能でないことを信じてはならないと助言しました。ではなぜ私の餌袋に真珠が詰まっているなどということを信じたの？　自分の目線を高い所に置いてはならないと助言しました。なぜあなたは木の上に登ろうとしたの？」

なかなか良くできた寓話である。三つの助言を順に見ていこう。

一つ目の助言は「後悔しない」ことである。「後悔するな！　反省しろ！」というのは真実である。後悔は過去を変えようとすること、反省とは未来を変えようとすることである。過去は変えられない。変えられないことにとらわれて、自分の思考方法や行動を嘆いても仕方がない。できることは、過去の出来事を客観的に振り返り、そこから教訓を得て、より良い未来をつくっていくことだけだ。

反省し、現実を見つめ、謙虚に

二つ目の助言は、「可能でないことを信じない」こと。これは、一つ目の「後悔しない」という助言とも大いに関係する。過去を変えようとするのは、可能でないことを信じようとすることだからである。

世の中には、不可能なことを可能なことであるかのように宣伝して、人をダマしてお金を儲けている人がけっこういる。「ローリスク、ハイリターンの商品です。長期にわたって、年利五〇％のリターンが得られます」「一週間で劇的に頭が良くなります」「宝くじの当選番号を事前に教えます」などなど。可能でないことは信じないようにしよう。

三つ目の助言は「自分の目線を高い所に置かないこと」である。これは、抽象度の高い助言であり、解釈の幅が広い。「志は高くとも、常に目線は低く、地道に生きよ」という教えにも思える。

実は、この話の類話として「三つの助言」（『スーフィーの物語』イドリース・シャー著／平河出版社）という話が伝わっている。その寓話の三つ目の助言は「人間に課せられた通常の制約の中に、とどまらなければならない」となっている。これを参考に解釈すれば、「人間はサルではないので、木に登って枝から枝に飛び移るなんてことをしてはいけない。人間は人間の特性にしたがって地上で生きればいい」とでもなろうか。もっと敷衍すれば、「人間は自然の制約の中にとどまらなければいけない、人間は神になろうとしてはいけない」という教訓にも思える。

№46

盲亀浮木

(もうきふぼく)

あるとき、お釈迦様が阿難という弟子に尋ねた。「そなたは人間に生まれたことを、どのように思っているか」

阿難が「たいへん喜んでおります」と答えると、お釈迦様は重ねて尋ねた。「では、どれくらい喜んでいるか」。阿難は答えに窮した。すると、お釈迦様は、次のようなたとえ話をした。

「果てしなく広がる海の底に、目の見えない亀がいた。その亀は、百年に一度、海面に顔を出す。広い海原には、一本の丸太が浮いている。その丸太の真ん中には、小さな穴があった。丸太は、風に吹かれるまま、波に揺られるまま、西へ東へ、南へ北へと漂っている。阿難よ、百年に一度だけ浮かび上がる、その目の見えない亀が、浮かび上がった拍子に、その丸太の穴に、ひょいっと頭を入れることがあると思うか」

阿難は驚いて答える。「お釈迦様、そのようなことは、とても考えられません」。「絶対ないと言い切れるか」。お釈迦様が念を押した。「何億年、何兆年の間には、ひょっとしたら頭を入れることがあるかもしれません。しかし、

『ない』と言ってもいいくらい難しいことです」

そう阿難が答えると、お釈迦様はこう話された。

「阿難よ、私たちが人間に生まれることは、その亀が、丸太の穴に首を入れることより難しいことなのだ。それぐらい有り難いことなのだよ」

有ることが難しいから「有り難う」

「人間として生まれてくる確率はどのくらいか」

ネットで検索してみると、さまざまな解答が見つかる。この問いに学問的に答えるのは難しいし、そもそもこの問いが学問的に意味を持つのかどうかも疑わしい。しかし、小学生のような柔らかい心でこの問いに向き合ってみるのも面白い。

自分は人間ではなく、他の生きものに生まれることもあり得た。なのに、自分は人間に生まれた。「人間だからこそ人生を楽しめる」という意味で「ラッキー！」なのか、「人生は苦であり、人間以外の生物はそんなことは思わない」という意味で「アンラッキー……」なのか。いずれにせよ、途方もない確率である。滅多にないことである。有ることが難しいことである。「有り難い」ことである。

生まれてくるからには、生まれてくる場所が必要である。私たちは地球上に生を受けた。もっと視点を広げれば宇宙の中に生まれた。このように論を展開したとき、「宇宙があるのは当たり前なのか」という問いが出てくる。「宇宙はなくてもよかったのに、宇宙はあるぞ！」ということである。宇宙があるというのは、決して当たり前のことではなくて「有り難い」ことである。

「なぜ宇宙はあるのか」という問いに因果関係で答えることもできる。「ビッグバンが起きたから」「神様がつくったから」というような答えである。しかし「なぜビッグバンが起きたのか」「なぜ神様がつくったのか」に答えはない。

宇宙が存在すること、地球が存在すること、人間という生物が存在すること、そして自分が存在することはとてつもなく希有（けう）なことである。すべて存在しないこともあり得たからだ。むしろ、みんな存在しないことが当然だったかもしれない。

そう考えてみると、**存在すること、共に存在することへの驚嘆の思いが静かにあふれてくる。有り難きこと――「ありがとう」である。**

№47

ファミリー・クリスマス

（これは父から聞いた話だ。一九二〇年代前半、私が生まれる前にシアトルであった出来事である。父は男六人、女一人の七人きょうだいの一番上で、きょうだいのうち何人かはすでに家を出ていた）

家計は深刻な打撃を受けていた。父親の商売は破綻し、求職はほとんどゼロ、国中が不況だった。その年のクリスマス、わが家にツリーはあったがプレゼントはなかった。そんな余裕はとうていなかったのだ。クリスマスイブの晩、私たちはみんな落ち込んだ気分で寝床に入った。

信じられないことに、クリスマスの朝に起きてみると、ツリーの下にはプレゼントの山が積まれていた。朝ごはんのあいだ、私たちは何とか自分を抑えようとしつつ、記録的なスピードで食事を終えた。

それから、浮かれ騒ぎがはじまった。まず母がツリーの下へ行った。期待に目を輝かせて取り囲む私たちの前で包みを開けると、それは何ヶ月か前に母が「なくした」古いショールだった。父は柄の壊れた古い斧をもらった。妹には前に履いていた古いスリッパ。弟の一人にはつぎの当たった皺くちゃのズボン。私は帽子だった――十一月に食堂に忘れてきたと思っていた帽子である。

そうした古い、捨てられた品一つひとつが、私たちにはまったくの驚きだった。そのうちに、みんなあんまりゲラゲラ笑うものだから、次の包みの紐をほどくこともろくにできないありさまだった。でもこれら気前よき贈り物は一体どこから来たのか？

それは弟のモリスの仕業だった。何ヶ月ものあいだ、なくなっても騒がれそうもない品をモリスはこつこつ隠していたのだ。そしてクリスマスイブに、みんなが寝てからプレゼントをこっそり包んで、ツリーの下に置いたのである。

この年のクリスマスを、わが家の最良のクリスマスの一つとして私は記憶している。

ドン・グレーヴズ
アラスカ州アンカレッジ

無いものではなく、有るものに目を向ける

この心温まる話には、ネガティブ・ヴィジュアリゼーション（以下、NVと略す）というテクニックに通底するものがある（『欲望について』ウィリアム・B．アーヴァイン著／白揚社）。NVとは、いま自分が大切にしているものを失った悪い事態を想像することで「自分はすでに幸福である」と確認するテクニックである。

私たち人間はついつい、いま持っていないものを欲し、手に入らないことにため息をつく。そうではなくて、既に持っているものに視線を向け、それがなくなったらどれだけつらいかを想像するのだ。

たとえば、いま自分のまわりにいる人たち〈家族や友人〉、いま自分が持っている物〈家やお金〉、いま自分が持っている能力〈健康や知力〉を失ったらどうだろうか。

もっと話を広げてみよう。太陽と月がなくなったらどうなるか。私たちは太陽から贈ら

れる光と熱のおかげで生きている。太陽がなかったら、私たちは生きていけない。もしも、月がなくなったら、月の引力によって遅くなっていた地球の自転スピードが速くなるし、自転軸の角度が変わり、四季、昼夜、気温などのバランスが崩れる。

太陽や月があるのは当たり前だと考える人は、その恵みに感謝するという行動を思いつかない。「ありがとう」というのは「有り難い＝有ることが難しい」ということである。

アーヴァインはNVの注意点を次のように述べる。四六時中、それを使うのは賢明ではない。あくまでも定期的に使用すればいい。いま持っているものがすべてなくなった状況を想像して感情に溺れて、思い悩む必要もない。感情ではなく知力を行使するのだ。

NVについて、現実と理想という観点からまとめてみよう。理想を持つことは良いことである。しかし、理想にだけ視線を向け、現実を直視せずに「私は幸福ではない」と感じるのは視野が狭い。もっと別の考え方がある。それは現実に視線を向け、自分が実際にいま持っているさまざまなものの有り難さを感じることである。理想ではなく、現実に視線を向けるのだ。そうなれば「自分はすでに幸福である」という境地に立てる。「自分は幸福ではない」と言う人がいれば、それは視線が理想だけに向いている可能性がある。

第10章

欲望との付き合い方

№48

倒れるまで

今は昔、インドに須彌羅（すみら）と呼ばれる修行者がいた。あるとき、彼の言うことがすこぶる国王の意に適（かな）ったようで、王は次のように言った。「褒美（ほうび）をとらせる。なんなりと望みのものを申せ」。彼はここぞとばかり、「何とぞ、私に土地をくださ い。そこに一棟の寺を建ててくださりませぬか」とお願いをした。

王はさっそくその願いを受け入れた。「たったそれだけの望みか。では、お前がかたときも休まずに走りつづけて、行き着いたところまでを、お前の寺院の土地として進ぜよう」

彼はこれを聞くと、直ちに身軽な服装で走り始めた。終日休むことなく走ったので、徐々に疲労を覚えた。しかし、寸尺でも余計に土地が欲しかったので、へとへとになりながらも、なお走ることを止めなかった。最後には一歩も足が出ず、ついには地上に倒れこんでしまった。それでも地に臥（ふ）して、転げたり、這ったりして前へ進んだ。ただ、それも長くは続かなかった。もう一歩も進めなくなったので、彼は、手に持った杖を前方に投げて、「この杖の行きついたところまでが俺の土地だ」と叫んだ。

「もっと、もっと」の落とし穴

「快楽の踏み車（Hedonic Treadmill）」という心理学用語がある。求めていた快楽もいったん手に入ってしまうと、その状態に慣れて最初の快楽が感じられなくなり、さらに強い刺激の快楽を求めるようになる。そういう人間の特性を表す用語である。

幸福感も快楽と似ている。人はしばしば、もっと収入が増えれば、もっと広い家に住めれば、もっと大きい車を買えば、もっと自分は幸福になれると考える。しかし、何かを手に入れてしばらくするとそれが当たり前になってしまい、次の「もっと」に向かう。人間の「もっと、もっと」には果てがない。

欲望と似た言葉に欲求という言葉がある。どちらも「何かを欲する」ときに使う。欲求は生理的欲求という言葉がある通り、生理的な「欲しい」である。それに対して、欲望は人間以外の生物にはない人間特有の「欲しい」である。欲求は身体的であるから限度がある。欲望は身体的ではないので限度がない。それはどんどんエスカレートしていく。脳は暴走するのだ。

ここで注意したいのは、欲望を完全に押さえ込むことは不可能だということ。私たちがめざすのは欲望を抹殺することではない。そんなことは、生きる屍になるか、本当に死んでしまわない限り不可能である。

私たちにできるのは「人間は〈快楽の踏み車〉や〈幸福感の踏み車〉に陥りやすい生きものだ」ということを悟り、**欲望に一定の歯止めをかける心構えを身につけること**だけだ。それは節制という徳に関係する。

節制とは度を超さないようにほどよくすることである。私たち日本人はいま、物のあふれた世界で生きている。人が死んだり病気になったりするのは飢餓のせいではなく、不摂生によるものがほとんどである。豊かな社会になればなるほど、この節制という徳が必要になる。それは、感覚の対象の量を増やすのではなく、感覚の感度を高めることによってわずかな量で満足できるようにする技術である。

№49

コスタリカの漁師とアメリカ人旅行者

ここはコスタリカの小さな漁村である。

一人のアメリカ人旅行者が桟橋(さんばし)に係留してあるボートに近づいて行った。ボートには大きなカジキマグロが数本入っていた。旅行者は漁師に尋ねた。

「何時間くらい漁をしていたの」。漁師は「そんなに長い時間じゃないよ」と答えた。

「もっと漁をしていたら、もっと魚が獲れたんだろうね。おしいなあ」

「自分と自分の家族が食べるにはこれで十分だ」

「じゃあ、余った時間は何をしているの」

「日が高くなるまでゆっくり寝ていて、それから漁に出る。戻ってきたら子どもと遊んで、女房と一緒に昼寝して、夜になったら友達とワインを飲んで、友達とギターを弾いているのさ。旦那、することがいっぱいあって毎日、けっこう忙しいんだよ」

旅行者はまじめな顔で漁師に向かってこう言った。

「ハーバード・ビジネス・スクールでMBAを取得した人間としてアドバイ

スしよう。いいかい、君はもっと長い時間、漁をするべきだ。それで余った魚は売る。お金が貯まったら大きな漁船を買う。そうすると漁獲高は上がり、儲けも増える。その儲けで漁船を二隻、三隻と増やしていくんだ。やがて大漁船団ができる。そうしたら仲介人に魚を売ることはやめだ。自前の水産品加工工場を建てて、そこに魚を入れる。その頃には君はこのちっぽけな漁村を出て、コスタリカの首都サンホセに事務所を構える。やがてロサンゼルスやニューヨークにも進出できるだろう。漁獲から加工、販売までを統合して、オフィスビルから企業の指揮をとるんだ」

漁師は尋ねた。

「旦那、そうなるまでにどれくらいかかるんですか？」

「一五年から二〇年くらいだな」

「で、それからどうなるんで？」

旅行者は笑って言った。

「うん、ここからが肝心なんだ。時期が来たら上場する。そして、株を売る。君は億万長者だ」

「なるほど。そうなると、どうなるんで？」

「そうしたら仕事から引退して、海岸近くの小さな村に住んで、日が高くなるまでゆっくり寝て、日中は釣りをしたり、子どもと遊んだり、奥さんと昼寝して過ごして、夜になったら友達と一杯やって、ギターを弾いて、歌をうたって過ごすんだ。どうだい。すばらしいだろう」

足るを知り、快楽と上手に付き合う

第六章の「子どもをしかる父親」（124ページ）と話の筋がよく似た寓話である。上記の項の解説では、働く意義について論じたが、この項では、寓話で描かれている二つのライフスタイルを対比しながら、幸福について考えてみよう。

両者の違いの一つ目は、自足しているかどうかの違いである。自足とは自分の置かれた状況に満足することである。コスタリカの漁師は自足しており、アメリカのビジネスマンは自足していない。二人の違いは、**現在に幸福を求めるか、未来に幸福を求めるか**という違いでもある。

二つ目の違いは、忙しさの違いである。「旦那、することがいっぱいあって毎日、けっこう忙しいんだよ」という言葉に注目しよう。発展途上国の人よりも先進国の人の方が忙しい、あるいは昔の人よりも今の人のほうが忙しいというのは必ずしも正しくない。発展途上国の人も昔の人も忙しいには変わりがない。違うのは忙しさの質である。

評論家の福田恆存は次のような言葉を残している。

「昔と今とでは忙しさの質が違うのだ。どう違うのかというと、昔は忙しさのうちに安心して落ち着いていられたのに、今では忙しくしていて、その忙しさに安閑と落ち着いていられなくなった。言い換えると、昔は何かしていて、その事に忙しかったのだが、今は何かしていても、そんなことはしていられないという忙しさなのである。暇はできたが、することもたくさんできたからであろう」（「消費ブームを論ず」『福田恆存全集 第五巻』文藝春秋）。

文明が発展するにつれて失われたのは、落ち着きのある生活である。落ち着きのある生活とは、慌てないでどっしりとした暮らし、地に足の着いた生活だ。落ち着きのない生活とは慌てふためいてバタバタしている暮らしである。

人間はいろんな便利な道具や機械を発明することで暇をつくって落ち着きのある生活を得ようとした。しかし、その便利な道具や機械のおかげでやっと暇が生じたときには、必ずその暇を埋め合わせる〝何か〟を発明する。まったくもって人間というのは奇妙な生きものである。

さて、この話から何を教訓として引き出すか？　それは、「倒れるまで」（196ページ）の寓話と同様、節制という徳ではないか。

節制とは度を超さないようにほどよくすることである。ただし、節制とは楽しむことをやめることでも、減らすことでもない。そういう姿勢は禁欲と呼ばれ、節制とは一線を画する。**節制とは、飽くなき快楽を追い求める快楽の奴隷になることではなく、快楽を自らコントロールする快楽の主人でいられるよう努める**ことだ。

№50

三つの願い事

昔々、ある山に木こりの夫婦が暮らしていた。いつものように木こりは森で仕事をしていた。ひときわ大きなモミの木を見つけて斧を振り上げたそのとき、何やら声が聞こえてきた。「その木は切らないでください」。驚いた木こりは、斧を下ろしてあたりを見回したが、誰もいない。すると、ささやくような声が聞こえてきた。

「私は森の妖精です。そのモミの木は切らないでください。私たちの大切な木なのです」

「分かったよ。この木は切らないでおくよ」

「ありがとう。お礼に、あなたがた夫婦の願いを三つ叶えましょう」。妖精は続ける。「願い事のできる時間は一週間あります。よく考えてください。慌ててはいけません」

喜んで家に帰った木こりは、妻と願い事について話し合うことにした。

「願い事が三つも叶うなんて！　お前さん、何にする？」

「やっぱり、お金持ちになって長生きすることかな」

二人は暖炉のそばに腰をおろしてあれこれ考えるが、なかなか決まらない。

お腹の空いていたおかみさんが、暖炉の火にあたりながら思わずつぶやいた。

「この火でソーセージを焼いたら、おいしいだろうね。こんなときに大きなソーセージでもあればいいのになぁ」

すると天井から大きなソーセージが落ちてきた。

「しまった！」。おかみさんは手で口を押さえたが、手遅れだった。

「この間抜けめ！　大事な願い事が一つ減ってしまったぞ。こんなソーセージなんか、お前の鼻にくっついてしまえばいい！」

次の瞬間、おかみさんの鼻にはソーセージがぶらさがっていた。

「し、しまった！」。木こりは慌ててソーセージを引っ張るが、ソーセージはおかみさんの鼻にくっついたまま離れない。おかみさんは泣きながら言った。

「鼻からソーセージをとってください」

ソーセージは鼻から落ちて床に転がった。

幸運を活かすのにも智恵が必要

ある日、ひょんなことから木こりの夫婦に幸運が舞い込んできた。ここで、知恵のある夫婦であれば、その機会を正しく使い、幸運をしっかりと捕まえたに違いない。しかし、残念ながらこの二人には知恵がなくその機会を正しく使うことができなかった。結果として幸運をとり逃がしてしまった。二人はきっと後悔したであろう。「どうしてあんなくだらない願い事を言ってしまったのか」と――後の祭りである。

幸運というくらいだから、それが訪れるのはごくごくまれである。この木こりの夫婦に同じような幸運が再び訪れることはないだろう。そういうことで、この話の教訓は「**幸運が訪れても、その機会を正しく生かす智恵を持たない者には何の役にも立たぬものだ**」である。

「幸運の女神には前髪しかなく、後ろ髪はない」という言葉を思い出す人もいるだろう。

幸運というのは人生においてそうそう巡ってくるものではない。それに加えて、その幸運はずっと自分の前に居座ってくれるわけではなく、あっという間に通り過ぎてしまう。それはすぐにつかまえなければいけない。

幸運をとり逃がしてしまう原因は三つ考えられる。

一つ目はそれが幸運だと気がつかないこと。この寓話のように「誰がどう考えても幸運だ」というような場合は別である。多くの場合、それが幸運かどうかは判然としない。それが幸運だと気づく聡明さが必要である。

二つ目は、ぐずぐず、もたもたしているうちに通り過ぎてしまうこと。「今はちょっと忙しいから今度の週末に……」とか、「今度の夏休みに……」などと言っているうちに、時すでに遅しということはよくある。

三つ目は勇気が欠如しているケース。幸運だと確信しているのに、それを自信を持ってつかまえる熱情や勇気が足りない。

いずれの場合も、目の前を通り過ぎてしまった後につかまえようとしても遅い。なぜならば、女神には後ろ髪がないから――。

№51

地獄

一人の男が夢を見ている。彼は死んでしまって、遠い遠いところにいる。そこはとても快適な感じがした。ちょっと休んでから彼は呼びかけた。「誰かいますか」。すると、すぐに白い服を着た人が出てきた。そして尋ねた。「何かご希望ですか」。「何かもらうことはできますか」。「何でもあなたのご希望のものを差し上げられます」。「では、何か食べるものを持ってきてください」。「何を召し上がりますか？　ご希望のものは何でもございます」

彼は食べたいものを運んでもらい、それを食べて眠り、すばらしい時間を過ごした。それから演劇を見たいと所望すると、それも見せてもらえた。こうしてくり返し、くり返し、彼は望むもののすべてを叶えられた。

しかし、そのうちに彼はそれに飽き飽きしてしまう。白衣の人を呼び寄せて言った。「私は何かをしてみたいのですが」。「申し訳ありませんが、それこそ、ここであなたに差し上げられない唯一の事柄なのです」。これを聞いた男は言う。「私は吐き気がする。飽き飽きした。いっそのこと、私は地獄にいるほうがましだ」。すると白衣の人は叫び声をあげて言った。

「一体、あなたは、どこにいるとお考えだったのですか」

願望ではなく意志を持とう

二〇一七年四月一二日、フィギュアスケートの浅田真央が記者会見を行い、現役引退を表明した。一人の記者が発した「トリプルアクセルに声をかけるとしたら？」という珍質問に対して、浅田は悩んだ末に笑顔で答えた「なんでもっと簡単に跳ばせてくれないの、という感じ」。簡単に跳ばせてくれなかったのは、自分の欲することが簡単に叶ったらつまらないからである。**目標が簡単に叶うような世界は、天国ではなく地獄である。**

スポーツ選手に限らず、ほとんどの人は何らかの目標を掲げて毎日を生きている。どういう目標を掲げるかは重要だ。ポイントは二つある。

一つは「**必死で努力をすればできそうだが、実際にはなかなかできないことを目標にする**」といい。難しすぎても簡単すぎてもダメだ。

もう一つは、「**内的目標を主、外的目標を従にする**」ことだ。たとえば、今度の週末にテニスの試合があるとしよう。テニスの試合に勝つことは外的目標である。というのも、相手次第なので自分が勝つかどうかは自分では完全にコントロールできない。一方、試合で自分の力を出し切るという目標は内的目標である。これは、相手には左右されず、自分で完全にコントロールできる。外的目標が達成されればそれに越したことはない。仮にそれが達成できなかったとしても、自分がしてきたことのすべてが無駄になるわけではない。

「倒れるまで」（196ページ）と「コスタリカの漁師とアメリカ人旅行者」（199ページ）のところで私は、節度を伴った欲望を持つことの大事さについて書いた。もう一つ、大事なのは、願望ではなく、意志を持つことである。前者は欲望の量に関すること、後者は欲望の質に関することである。

哲学者のアンドレ・コント・スポンヴィルは『幸福は絶望のうえに』（紀伊國屋書店）の中で願望と意志の違いについて述べている。ポイントは次のとおり。

①願望は自分では左右できないことに向けられた欲望である。それに対して、意志は自分で左右できることに向けられた欲望である。たとえば「今度の日曜日、晴れるといいな」と思うのは願望、「今度の試験で及第点を取りたい」というのは意志である。後者は自分の力で何とかすることができる。

②願望は自分の知らないことに向けられた欲望である。一方、意志は自分の知っていることに向けられた欲望である。たとえば、甚大な災害が遠い国で起きた場合と身近な地域で起きた場合を考えてみる。前者の場合はその状況を知ろうにも限界があるので観察する人に留まるしかない。後者の場合はその状況を知るのは難しくないので行動する人になれる。

③願望とは自分の持っていないもの、あるいは存在していないものに対する欲望であり、それゆえに自分のものとして楽しむことができない。意志は自分の持っているもの、あるいはすでに存在しているものに向けられた欲望である。したがって、意志の場合は自分のものとして楽しむことができる。

願望とは、知も力もないままに欲望することである。願望は努力に結びつかず、非活動的である。ほとんどの場合、過去や未来を夢想したり、空想したりすることになる。

一方、意志とは知っていること、できそうなことに関して欲望することである。意志は努力と結びつき、活動的かつ生産的であり、いま現実にあるものや自分が持っているものを味わい楽しむことができる。意志と努力によって自分の未来は変えられる——この言葉には、単なる願望では駄目だという意味、学ぶことの重要性の意味が隠されている。

第11章

学びの心得と学ぶ理由

№52

がんばる木こり

昔々、一人の木こりが材木屋に仕事をもらいにいった。申し分のない条件だったので、木こりは仕事を引き受けることにした。

最初の日、木こりは親方から斧を一本手渡され、森の一角を割り当てられた。男はやる気満々で森に入った。その日は一日で一八本の木を切り倒した。「よくやった！　この調子で頼むぞ！」。親方の言葉に励まされた男は、明日はもっと頑張ろうと誓って早めに床に入った。

次の日、男は誰よりも早く起き、森に向かった。ところが、その日は努力も虚しく一五本が精一杯だった。「疲れているに違いない」。そう考えた木こりは、日暮れとともに寝床に入った。

夜明けとともに目を覚ました男は「今日は何としても一八本の記録を超えるぞ」と自分を奮い立たせて床を出た。ところが、その日は一八本どころかその半分も切り倒せなかった。次の日は七本、そのまた次の日は五本、そして最後には夕方になっても二本目の木と格闘していた。

何と言われるだろうとびくびくしながらも、木こりは親方に正直に報告し

た。「これでも力のかぎりやっているのです」。親方は彼にこう尋ねた。「最後に斧を研いだのはいつだ？」

男は答えた。「斧を研ぐ？　研いでいる時間はありませんでした。何せ木を切るのに精一杯でしたから」

仕事をしながら学び、学びながら仕事をする

この木こりは、斧を使って木を切るという仕事に精一杯で、「斧を研ぐ」という基本的な仕事を疎かにしてしまった。

いくら頑丈で鋭い斧であっても、刃先は少しずつ劣化していく。刃が劣化すると作業効率は低下する。それだけでなく、斧が跳ね返って自分がケガをする原因にもなりうる。木こりは当然、そんなことは知っていたであろうに、忙しさにかまけて「斧を研ぐ」という大事な仕事をおざなりにした。そういう話である。

木こりではなく普通に仕事をしている人にとって「斧を研ぐ」とは何を意味するのか？

一つは、「身体の調子を整えること」である。

身体の調子が悪ければ仕事に集中することなんてできない。身体のあらゆる機能は二〇代をピークに衰えはじめる。筋力や瞬発力、敏捷性、持久力などの行動体力、体温調節力や免疫力、ストレスに対する抵抗力などの防衛体力――いずれも衰えていく。こういう衰

えは自然の摂理なので仕方がないことだが、運動を習慣にすることによって、衰えていく速度を緩めることはできる。

もう一つ、つい忘れがちなのが、「頭脳を鍛えること」である。

頭脳は銀食器と同じで、磨くことを怠ると、薄ぼんやりと曇っていく。体調を良好に保つためには日常的に運動を続けることが大事だということは、誰もが知っている。しかし、知力を高い水準に保つためには学び続けることが大事だということは、あまり理解されていない。

目先の仕事をこなすだけで精一杯になってはいないだろうか。どんなに仕事が忙しくても、「刃を研ぐ」習慣を持っていないと、そのうちに頭脳もくたびれてしまう。

人生の達人は二分法をとらない。だから、**仕事と学びを分けず、混然一体となったような状況に身を置くように努める。**仕事をしながら学び、学びながら仕事をするというような意識を持つことが肝要だ。

学生が学ぶ理由は、社会の成員として働いていくうえで必要な能力を身につけるためである。それに対して、社会人が学ぶ理由とは何だろうか。

よくあるのが、現在の仕事を続けていくうえで自分に足りない能力を補うため学ぶ、あるいは近い将来に転職する予定があってそれに備えて学ぶといったケースである。こうした場合は、目標も方法も明確だ。

では、これだけで十分だろうか？　もう少し高い次元に立って学ぶ必要がある。

一つは、新しいアイデアを生み出していくためだ。

多くの企業がさまざまな形でイノベーションや新規事業に取り組んでいる。新しいことを生み出すのは、既存の知と別の既存の知を新たに組み合わせることだ。しかし、自分の知の量が枯渇すれば、既存の知の組み合わせは尽きてしまう。それを克服するには、**自分から遠く離れた知を広く深く探求し、それによって得られた知と既存の知を組み合わせる**必要がある。そのためには学ばねばならない。

もう一つは、仕事の自由度（人生の自由度）を上げていくためである。

自由とは選択肢をたくさん持っていることであり、その自由度は学習量に比例する。

学習の方向性としては、〈なりたい自己〉を広げること――興味や関心の幅を広げていくこと、〈できる自己〉を広げること――自分の能力を高めていくことの二つである。

多くの人は興味や関心と自分の能力の重なったところで実際に自分の仕事をしている。重なっている面積が広ければ広いほど選択肢が多くなるし、逆に重なっている面積が小さければ小さいほど選択肢が少なくなる。

ポイントは、自分の能力を高めるだけでなく、興味や関心を広げることだ。前者だけだと限界にぶつかってしまう。

№53

半分の煎餅（せんべい）

お腹をすかせたある男が、お菓子屋さんで七枚の煎餅を買った。さっそく男は家に戻って、煎餅を食べはじめた。一枚食べ終わったが、お腹はふくれない。二枚目を食べるが、まだお腹がふくれない。三枚目、四枚目、五枚目、六枚目と男は次々と煎餅を食べた。それでも、空腹がおさまらない。

残った煎餅は一枚だ。あと一枚しかないので、残った煎餅を二つに割って食べることにした。すると、今度はお腹が一杯になった。その男は残った半分の煎餅を手に持ちながら、悔しそうに言った。

「俺はなんて馬鹿なんだ。半分の煎餅でお腹が一杯になるんだったら、前の六枚は食べなくてもよかった」

わずかな変化をばかにしてはいけない

馬鹿みたいな話である。六枚の煎餅を食べたことを忘れ、半分の煎餅だけで腹がふくれたと勘違いした男は、「日々の積み重ねが大きな成果を生む」ことを分かっていない。

「〈1・01〉と〈0・99〉の法則」を紹介しよう。1・01は1よりわずかに大きい。0・99は1よりもわずかに小さい。両者の差はたった0・02。しかしながら、この**わずかな差が積み重なると、大きな違いが生まれてくる。**

実際にこの二つを365回かけるとどうなるか。1・01の365乗は37・78、0・99の365乗は0・026になる。こんなにも大きな差が生まれることに誰もが驚くだろう。

言うまでもなく365という数字は一年間を意味する。日々1%だけ余分に努力を続けた人と、日々1%だけ手を抜いた人とでは、一年間でここまで差がつくのだ。

人生は小さな選択の積み重ねである。その選択が、一年後のあなたの人生を決める。

あなたは、1・01を選ぶ？　それとも0・99を選ぶ？

№54

空の茶碗

ある禅の高僧が、弟子の一人を拙宅(せったく)に招いた。

「教えを得るにはどうすればいいか」と言う弟子の悩みを話し合ううちに、「さすれば――」と高僧はお茶を用意した。そして師は弟子の茶碗にお茶を注ぎはじめた。しかし、一杯になっても、まだ注ぎ続けた。お茶は茶碗からあふれて、卓へとこぼれ、すぐに床へとこぼれた。

とうとう弟子は言った。「もうおやめください。お茶はあふれております。もう茶碗には入りません」

師は言った。「よくぞ見てとった。お前についても同じことが言える。私の教えを得ようと思うならば、まず頭の茶碗を空にしなさい」

素直さは学びの原点

空の茶碗は「素直な心」、お茶で一杯になった茶碗は「素直でない心」のたとえである。人から何らかの教えを受けるとき、最も大切なのが素直な心だ。**人の助言を素直に聞き、それを消化できる人は勉強でもスポーツでも伸びる。**

素直さのない、意固地な人、強情な人、ひねくれた人、独りよがりな人は、何を教わってもそれを受け入れようとはしない。受け入れないのだから、身につかない。

初期段階においては、要領のいい人や器用な人が先へ進んでいくことはよくある。しかし、中級や上級になると、素直でない人は大きな壁にぶつかり、素直な人は順調に伸びていく。そうして、両者の差はぐんぐん開いていく。

先生や師匠から何かを教えてもらったとき「はい、分かりました」と返事をする人は意外に少ない。多くの人はそう言わずに、「でも……」「だって……」と言い返す。

さらに、「はい、分かりました」と返事をした人の中でも、本気でそのとおりにやってみようと努力する人は意外と少ないものだ。多くの人は聞いたふりをするだけで、自分勝手なやり方を続ける。

もっとも、人間という生きものは、誰に対しても素直になれるわけではない。自分が素直になれる先生や師匠を見つける労力を惜しむべきではないだろう。

№55

馬と蟻(あり)の知恵

斉の国の管仲(かんちゅう)と隰朋(しゅうほう)が桓公(かんこう)に従って、孤竹国を討伐しにいった。春に出陣して、冬に凱旋する途中で道に迷ったとき、管仲が「老馬の知恵を借りよう」と言った。老馬を放して、その後についていくと、果たして道が見つかった。

また別のとき、山の中を進んでいると、水がなくなって困った。隰朋が「蟻という生き物は、冬には山の南側、夏には山の北側にいる。蟻塚の高さが一寸ならば、その真下八尺ばかりのところに水があります」と言った。蟻塚を見つけてそこを掘ると、果たして水が見つかった。

管仲と隰朋のような賢人知者であっても、自分が分からないことがあれば老馬や蟻の知恵を師とすることをはばからないものだ。

謙虚であればいつまでも学び続けられる

経験や知識をもとにあれこれと頭をはたらかせることを〈思考〉と呼ぶ。「思考すること」の前提には謙虚さが控えている。

謙虚さとは、自分自身はいろんな限界を持っている人間にすぎないことを意識していること、自分はいつでも足りないことを自覚しており、他人の知恵で自分を補おうとしていることである。**謙虚さのない思考、つまりうぬぼれに満ちた思考は、もはや思考とはいえない。**謙虚さは「自分は神ではない」という意識、「自分自身をいつも疑う」自信のなさとつながっている。

管仲と濕朋はいずれも賢人知者であった。賢人知者でさえ、分からないことは分からないと素直に認め、その道の達人である老馬と蟻の知恵に頼ろうとしたのだ。いかにも謙虚である。では、賢人知者ではない初学者にこういう素直さや謙虚さがあるのかと問えば、大いに怪しいものだ。

学問であれ、ビジネスであれ、習い事であれ、私たちがそれを学びはじめる時点で、すでにそこには巨大な体系が存在している。自分はその巨大な体系に遅れて入っていくという自覚――それこそが学びの基本になる。

私たちは一番末端のところから学びはじめて、しだいに複雑で高度な「知識や技術や価値観」を体得していくのである。

第12章

挑戦と持続可能性

№56

象と鎖

象使いが象に最初に仕込むのは、逃げだそうという気持を起こさせないことだ。

象がまだ赤ん坊のとき、その足に太い丸太を鎖でつないでおく。そうすると、逃げようとしても太い丸太が足かせになり、逃げられない。あきらめるようにしておくのだ。

次第に象はこのとらわれの状態に慣れてしまい、逃げることをあきらめるようになる。

大人になって巨大な体と強い力の持ち主になってからも、足に鎖を巻いておきさえすれば、象は決して逃げだそうとはしない。たとえ、鎖の先に小さな小枝が結んであるだけでも。

リスクをとって行動する勇気を持つ

死の床で「自分の人生は幸福であっただろうか」なんてことを思ったとする。では、それは誰が決めるのだろう。間違いなくそれは自分だ。他人が決めることではない。
では、幸福だったかどうかの基準は何だろう。一番は「自分の人生を生きたかどうか」である。他人から見ればうまくいった人生であっても、親や先生が敷いたレールの上を歩いただけの人生では、幸福だったとはいえない。他人から見ればあまりうまくいかなかった人生であっても、自分で敷いたレールの上を自分で歩いた人生は幸福である。他人の期待する人生ではなく、自分が望む人生を歩むことが、一番の幸福の基準だと私は思う。

この寓話は若者の自立物語と読める。自立とは他に従属する状態から離れて独り立ちすること、他からの支配を受けずに存在することである。自立は、一人の人間としてプライドを持って生きていくための条件になる。自立は人間として成長していく過程に大きな影響を与える。

成長することは喜びであり、ほとんどの人は成長することを望んでいる。しかし、人はときに、成長ではなく安全かつ安心な「不幸」を選ぶことがある。一体どういうことなのか。

ちょっと説明しよう。喜びと苦しみは必ずセットになっている。喜びだけを得るのは無理であり、苦しみを避けて喜びは得られないのだ。日々、何かを積み上げていくような地道な努力が苦しみの一つの例である。

もう一つ、成長するにはリスクをとる必要がある。リスクとは「ある意思決定によって想定される危険や損失を負う可能性の概念」である。リスクには「行動に伴うリスク」と「行動をしないリスク」の二種類があるのだが、私たちは後者のリスクから目を背けがちである。

私たちは多かれ少なかれ、この寓話の象と同じような経験をしていないだろうか。若い頃に「やりたいこと」にチャレンジしたものの、失敗した。たったそれだけのことで、それ以降「やりたいこと」は永遠にできないものとあきらめて生きている。

これは間違っている。「若い頃に一回やってみたらできなかった。しかし、それはそのときはできなかったということにすぎない。ずっとできないわけではない。もう一回、トライしてみよう」。これが正しい思考回路である。

自立、そして成長したいならば、苦しみを引き受ける覚悟、リスクをとる勇気が求められる。苦しみと行動に伴うリスクを避ける人は、安心、安全な場所に留まろうとする人であり、自立、成長、喜びとは無縁の人生を送ることになってしまう。

№57

吊(つる)された愚か者

一人の罪人が王様の前に引き出された。王様は彼に言った。「おまえには二つの選択肢がある。一つは絞首刑、もう一つはあの黒い扉の向こう側で刑を受けること。さあ、どっちを選ぶ?」。罪人は即決で絞首刑を選んだ。

絞首刑が執行される直前、罪人は王様に質問した。「教えてください。黒い扉の向こう側には何があるんですか?」。王様はその質問をはぐらかすように言った。「面白いのお。わしはどの罪人にも同じように二つの選択肢を与えるんじゃ。だが、ほとんど全員が絞首刑を選ぶんだ」

「王様、教えてください。あの黒い扉の向こう側には何があるんですか。どうせ私は誰にも教えることはできませんから」。罪人は首に掛かったロープを指さした。

おもむろに王様は口を開いた。「自由だよ。自由」。王様は繰り返した。

「たいていの者は、よほど未知への怖れが強いんだろう。絞首刑のほうに飛びついてしまう」

未知を恐れず挑戦する

この寓話は〈既知と未知〉の問題を扱っている。この死刑囚は自分の死に際して未知の刑ではなく既知の刑を選んだ。「どうせ死ぬんだったら自分のよく知っている方法で殺された方がましだ。自分の知らない方法で殺されるなんて不安でしょうがない」とでも思ったのだろう。「死ぬんだったら、どっちでも同じだ。何事も経験だ。知らない方法にチャレンジしてみよう」とは考えなかった。死に方はさておき、生き方における〈既知と未知〉について考えてみる。

たとえば、このまま今の仕事を続けるか、それとも新しい仕事に挑戦するかを考えているとしよう。こういう状況に置かれた人はすりガラスの扉の前にたたずむ人に例えられる。扉のこっち側は今の仕事（既知）、扉の向こう側は新しい仕事（未知）である。こっち側ははっきりと見えるが、向こう側はボンヤリとしか見えない。

ここにいたいと思わないのなら、どこにいようともそこは監獄である。この会社にいたいと思わなければ、その会社は監獄のようなものである。ほとんどの人は、不安を振り払い、会社に辞表を出して、扉の向こう側の新しい世界に飛びこむことを過度に恐れる。一般的に人は利益を得ることよりも、損失を避けることのほうを重視するからだ。ポジティブな刺激よりも、ネガティブな刺激のほうにずっと敏感だからである。そういう人間の性向を理解すれば、既知を捨て、未知に飛びこむ恐れが和らぐのではないか。人生とは挑戦である。

未来はいつでも未知である。未知だから、心配して不安になるのは当たり前である。しかし、過剰な心配をする必要はない。あくまでも適度に心配すればいい。

過剰な心配とは悪いイメージを自分の中で増幅していくことである。そんなことは実際には起こり得ないようなストーリーをつくって、それに怯えておじけづいてしまう状態である。適度な心配とは良いイメージを自分の中につくりつつ、注意点を確認するような態度である。

たとえば、延々と続く急な階段を降りていく自分を想像してみよう。過剰な心配とは、どこかで足を踏み外して、下まで転がり落ち、全身が血だらけになったうえに、頭を強く打って気を失い、救急車で運ばれるというイメージである。

適度な心配とは、足を踏み外さないように、足下をしっかりと見て、急がずにゆっくり確実に降りていこうと自分に言い聞かせる態度である。**過剰な心配は有害である。はっきりとイメージされた未来は、そうでない未来よりも実現可能性が高いのだ。**

№58

カエルの登山

一度は山に登ってみたいと思っていたカエルが十匹集まった。みんなで一緒に登ろうじゃないかということになって、山の麓(ふもと)に集合した。しかし、見送りに来た仲間たちはみんなヤジを飛ばすばかりだった。

「登れっこないだろ！　行くだけムダだぜ！　やめとけ、やめとけ」

そんな言葉を背に受けながら、十匹のカエルは出発した。ぴょこぴょこと小さい足で跳ねながら、山に登っていった。

中腹にさしかかったところで、ウサギたちに会った。カエルたちが「頂上まで登るんだ」と言うと、ウサギたちはすぐさまこう言った。「頂上に登る？　無理だ、無理だ！　この山はものすごく高いんだ。そんな小さい足で登れるわけないよ！」。これを聞いて、すでに疲れ切っていた五匹はあきらめた。

残った五匹の前には、いっそう険しい上り坂が待っていた。やがてモミの樹海に入ると、こんどはマーメットと出会った。「頂上まで行くなんて、カエルさんたちには無理ですよ。あまりに無謀です。とんでもないですよ！」。この言葉を聞いて二匹があきらめた。

残った三匹はなおも進んだ。少しずつ、少しずつ、とにかく頂上をめざして進んだ。ぴょこん、ぴょこん、ぴょこんと——。

やがてこんどは高山のヤギたちが現れ、カエルたちの様子を見て笑った。「このへんで引き返したほうがいいんじゃないか？　その調子じゃ、あとひと月かかったって頂上には着かないだろ」。ここでまた二匹が脱落した。

とうとう残りは一匹になってしまった。しかし、この一匹はそれからずいぶんと時間をかけて、ついに頂上へと辿りついたのだ。

その一匹が山を下りてくるのを待って、仲間たちはいっせいに聞いた。「一体どうやって登り切ったの？」。でもそのカエルはただ一言「何？」と聞き返しただけだった。そこで仲間たちはもう一度大声で聞いた。「どうやってこんな快挙を成し遂げることができたんだい？」

するとそのカエルはまたしてもこう聞き返した。「何？　何？　何？」

そのカエルは耳が聞こえなかったのだ！

臆病と大胆のあいだにある勇気

山に登るという課題に挑戦したカエルの寓話である。

大別すると、カエルは二種類に分かれる。第一グループは最初から山に登ることを選択せず、見送りにきたカエルたちである。ただし、見送りとはいっても「ガンバレ！」と励ますわけではなく、「やめとけ！」というヤジを飛ばしにきただけのカエルたちである。もう一方の第二グループは、山に登ることに挑戦しようとしたカエルたちである。

この寓話から引き出せる第一の教訓は、勇気を持って課題に挑もうということである。

「すべての徳は二つの悪徳の間の頂きである」とは哲学者アリストテレスの有名な言葉である。彼は『ニコマコス倫理学』（光文社古典新訳文庫）で次のようなことを言っている。

一方の端に「向こう見ず」という悪徳があり、もう一方の端に「臆病」という悪徳があり、その二つの悪徳の間の頂きに勇気という徳がある。**人は、臆病であってもいけない、向こう見ずであってもいけない、その間の頂きにある勇気を持って進め**と助言するのだ。

彼はさらに面白い助言をする。感覚として、勇気は向こう見ずと臆病のちょうど中間に位置するのではない。われわれ人間はその自然的性向として、向こう見ずよりも臆病に近い位置でついつい行動しがちである。よって、向こう見ずの一歩手前ぐらいが勇気の位置するところと考えたほうがいい。したがって「臆病になるな！」が良いアドバイスになる。「ちょっとばかり無謀じゃないかな……」くらいがちょうど良い勇気の位置なのである。

第二グループの「山に登ることに挑戦したカエルたち」を分類することで第二の教訓を引き出せば、他人の無責任な言葉に条件反射して課題に挑戦することをあきらめてはいけないということだ。

一匹を除いたカエルたちは、途中でその課題に挑戦することをあきらめた。理由は「お前には無理だ」という他者の言葉であった。ただ一人頂上にたどりついたカエルは「お前には無理だ」と言う他者の言葉が聞こえなかったがゆえに成功したのだ。

ウサギやマーメットやヤギはなぜ「お前には無理だ」と言ったのだろうか。考えられる理由は二つある。

一つは、失敗すること、挫折することでカエルが傷つくことを心配したからだ。「お前には無理だ」という言葉は、過保護な母親的な心情から出た言葉だと解釈できる。

もう一つは、カエルに成功してほしくなかったからである。彼らも若い頃に頂上を目指したものの、途中であきらめてしまった苦い経験を持っているのかもしれない。あるいは、最初からあきらめてしまい、挑戦すらしなかったのかもしれない。いずれにせよ、彼らは成功しなかった。だから、カエルにも成功してほしくなかった、自分を越えてほしくなかった、自分の同じ場所にいてほしかったのだ。

そういう意味でいえば、付き合う人を選ばなければいけない。「無理だよ。やめとけ」を連発するような人ではなく、「できるんじゃない。頑張ってやってみろよ」を連発するような人と付き合わねばならない。自分を過小評価する人よりも自分を過大評価してくれる人を選ぶのだ。

№59

空を飛ぶ馬

昔、ある男が王の怒りを買って死刑を宣告された。男は王に命乞いをした。

「王様、私に王様の馬をお預けください。一年の猶予をいただければ、馬に空を飛ぶことを教えましょう。一年経ってできなかったら私を死刑にしてください」

王様はこの命乞いを受け入れた。ただし「一年経って私の馬が空を飛ばなかったら、お前を殺すからな」と付け加えた。

この話を聞いた囚人の仲間は「馬が空を飛ぶはずがないだろ！」と彼をなじった。しかし、男はこう答えた。

「一年以内に王様が死ぬかもしれない。私が死ぬかもしれない。あの馬が死ぬかもしれない。一年の間に何が起こるかを誰が言い当てられる？　それに、一年あれば馬が飛ぶようになるかもしれない」

迷ったら「できる」と言う

命乞いをした死刑囚の言葉は間違いなく大言壮語（できそうもないことや自分の実力以上の威勢のいいことを言うこと）である。しかし、この話は大言壮語を戒める寓話ではない。逆に大言壮語をすすめる寓話だ。なぜなら、彼は大言壮語することで、少なくとも一年間は生きのびることができそうなのだから。

絶対に不可能なことを「できます！」と言い切るのはともかくとして、**できるかどうか分からないことを「できます！」と言うのは、仕事の作法として正しい。**「できません！」と答えることは仕事を断るということだ。もし相手の求めるレベルまで到達できそうにないなら、誰かに助けを求めればいい。成長の機会を取り逃がしてはいけない。

「日本人の〈できません〉は信用するな」というのは有名な話だ。基準を高く置きすぎているあまり、「できません」と答えているケースが多い。「できません」と言う日本人のほうが「できます」と言う外国人より「よくできる」という話はよく聞く。

№60

生クリームに落ちた三匹のカエル

三匹のカエルが、生クリームの入った桶の中に落ちてしまった。一匹目のカエルは「すべては神様のお考え次第だ」と言って何もしなかった。すぐに命がつきた。

二匹目のカエルと三匹目のカエルは、足をばたつかせて必死でもがいた。ただただ同じ場所をかき回しては、沈み、浮き上がることを繰り返した。二匹目のカエルが叫んだ。「もうダメだ。どうせ死ぬのに、こんなに苦しい思いをするのはばかげている。不毛な努力の果てに、疲れ切って、死んでいくなんて割に合わない」。カエルはもがくのもやめ、白い液体に飲み込まれていった。

三匹目のカエルはこう考えた。「どうしたらいいんだ？　死が近づいてきているのは分かっている。でも、僕は最後まで戦うぞ」。カエルはひたすら足をばたつかせ、同じ場所をかき回し続けた。すると、足が固いものに絡みつくようになった。なんと、カエルが生クリームをかき混ぜているうちに、生クリームがバターになったのだ。驚きながらもカエルはひとっ飛び、桶の縁に飛び乗り、嬉しそうな鳴き声を上げながら帰っていった。

動き続けなければ現状は変わらない

一匹目のカエルは何の努力もせず、いきなり自分の運命を神様に委ねた。二匹目と三匹目のカエルは、いきなり神様に自分の運命を委ねることをせずに自分の力で何とか生きのびようと努力をした。二匹目と三匹目のカエルの違いは、あきらめの良かった者と、あきらめの悪かった者の違いである。

三匹目のカエルは、あきらめが悪かった。もちろん「この白い液体は生クリームである。ゆえに、かき回し続ければやがてバターになる。そうなれば桶から脱出できる」ということを知っていて、もがいたわけではなかった。他のカエルから見れば「不毛な努力」と思われることを続けた。しかし、それは結果として「不毛な努力」にはならなかった。

「天は自ら助くる者を助く」ということわざを思い出そう。**行動し続ける者が最後には結果を得るのである。**

№61

塚原卜伝と弟子の会話

あるとき、塚原卜伝のところに一人の剣客が、弟子にしてほしいとやってきた。卜伝はその剣客を試してみて「よろしい」と入門を許した。

「先生、入門を許されたうえは、一生懸命、修行をいたします。そうしますと、何年ぐらいで免許皆伝をいただけるでしょうか」。弟子の質問に卜伝はこう答えた。「そうだな、お前はなかなかの腕前である。五年ぐらいで免許皆伝となるだろう」

弟子は五年という月日に不満を覚えたのか、質問を続けた。「では、寝食を忘れて修行に打ちこみます。それだと、何年で免許皆伝をいただけるでしょうか」。「十年かかる」

弟子はびっくりした。一生懸命修行して五年、一生懸命のうえに寝食を忘れて修行に打ちこんで十年。これでは話があべこべだ。そこで、弟子はさらに質問をする。

「いや、もう私は死に物狂いで修行します。それだと何年かかりますか」。卜伝は笑いながら答えた。「おいおい、お前さん、死に物狂いでやれば、一生かかっても免許皆伝とはならんぞ」

継続できる力の加減を知る

塚原卜伝は室町後期の剣客である。常陸鹿島神宮の祠官の家に生まれ、神道流などを学ぶ。新当流を創始し、将軍足利義輝らに指南、後に下総国香取でもっぱら門弟を教えた。一生懸命修行する、寝食を忘れて修行する、死に物狂いで修行するというのは、いずれも良いことのように思える。しかし、塚原卜伝は必ずしもこれを良いとは考えなかった。彼は何を言いたかったのか。それは、**続けることが何よりも大事であり、無理をすれば続けることができない**ということだ。中道の精神、すなわちその人なりの「良い加減」で続けることの大切さを説いているのである。

一生懸命やったのに成功しなかった。普通はこれが正しい文章である。しかし、一生懸命やったので成功しなかった。これが正しい文章になることもある。主観的には「一生懸命やっている」であっても、客観的には「一生懸命やりすぎている」ことはある。

スポーツを思い浮かべてみる。

一生懸命やりすぎると体に負担がかかってケガをする。一生懸命やりすぎると体に力が入ってしまって上手にプレーできない。一生懸命やりすぎると〝遊び〟ではなくて〝仕事〟みたいになってしまい、スポーツそれ自体を楽しめない。

この寓話は要するに良い加減のすすめであり、それは「緊張と緩和」のさじ加減が重要だということになる。この「緊張と緩和」というのは、国や時代を問わず、普遍性を持つテーマである。

ヘロドトス（紀元前四八五年頃―紀元前四二〇年頃）は『歴史』という書物の中で、エジプト第二六王朝のアマシス王の逸話を紹介している（『イソップ寓話の世界』中務哲郎著／筑摩書房）。

平民上がりのアマシス王には型破りの振る舞いが多く、午前中は仕事に精を出すものの、その後は酒を飲んでふざけて過ごした。これを見かねた廷臣がいさめたところ、アマシス王は次のように答えたという。

「弓を所持するものは、これを用いる必要のあるときは引き絞るが、使い終わればゆるめておくものじゃ。弓というものはいつも張ったままにしておけば折れてしまい、肝心なときに物の役に立たぬようになる。人間の在り方もこれと同じことじゃ」

あなた自身が弓だとしよう。いつも張ったままにしておくと、折れてしまう。だからといって、いつもゆるめておくのは宝の持ち腐れである。適度な強さで張り、時々はゆるめる。これが正しい道である。

第13章

自分の物語の描き方

№62

海綿を背負ったロバと塩を背負ったロバ

ロバ引きがムチを手に、二頭のロバを連れていた。一頭はさっそうと歩き、もう一頭はムチで打たれながら、のろのろと歩いていた。さっそうと歩いているほうのロバが背負っていたのは、軽い海綿だった。のろのろと歩いているほうのロバが背負っていたのは塩だった。

山を越え、谷を越え、町を抜けると、やがて川にさしかかった。ロバ引きは海綿を積んだロバの背に乗りながら、塩を積んだロバを追い立てた。すると、その塩を背負ったロバは川の深みにはまってしまった。

幸いロバはすぐに起き上がり、助かった。ただ、深みにはまったときに、背負っていた塩はすっかり水に溶けてなくなってしまった。

これを見ていた海綿運びのロバは、さっそく同僚の行動を見習おうと、同じように深みへと飛びこんでいった。ところが、予想とは違って、背中の荷物は軽くなるどころかよりいっそう重くなり、ロバは水の中に沈みこんだ。海綿がたっぷりと水を吸いこんで重くなったからだ。おかげでロバ引きまでが水の中に沈みこんでしまった。もはや一巻の終わりかと観念したとき、運良く人が通りかかり、やっとのことで命だけは助かることができた。

他人を真似ても自分の人生は歩めない

この話の教訓は「背負っているものはみんな違っているのだから、やみくもに他人の真似をしてはいけない」ということになる。

人間はみな「自分の物語」を持っている。生きるとは「自分の物語」をつくっていくことだ。「自分の物語」は、運命の部分と自由の部分に分けられる。

運命とはいわば「遺伝的要素とどんな環境で育てられたか」であり、これは一人ひとりみんな違っている。一方、自由とは意志に関わることだ。すなわち「自分でどういう環境を選びとるか、どんな努力をどのくらいするか」であり、これもまた一人ひとりみんな違っている。よって「自分の物語」は千差万別である。

ロバは歩き方を変えられない。鳥が飛び方を、魚が泳ぎ方を変えられないのと同様である。しかし、人間は生き方を変えられる。なぜならば、人間は選択の自由を持っており、意志と努力によって行動を変えることができるからだ。

運命の部分は「変えられない」ゆえに受け入れなければならず、自由の部分は人為的に「変えられる」ゆえに上手に舵とりをしていかねばならない。そして運命はみな違っているのだから、自由の部分においては、やみくもに他人の真似をしてはいけない。どう舵とりするかは、思慮深く考えなければいけない。

№63

三年寝太郎

ある貧乏な村に怠け者の男がいた。この男、飯だけは人の倍も食うくせに、あとはごろんと寝てばかり。来る日も来る日も、食っちゃ寝、食っちゃ寝の暮らしだった。おっかさんはほとほと困り果て、村の者は「ありゃ、寝太郎じゃ」と言い合って笑っていた。

ある年のこと、村はひどい干ばつに襲われた。田は干上がり、畑にやる水も不足した。村の者たちは深い井戸を掘ってはみたものの、水は出なかった。「峰の向こうの水が引けたらなあ」と村の者たちは嘆いた。

村がそんなありさまになっても、寝太郎はやっぱり食っちゃ寝、食っちゃ寝の生活を続けていた。とうとう飲む水まで事欠くようになった。ついに長者どんは、村にお触れを出した。「この日照りと干ばつを何とかしてくれる者がおれば、わしの娘を嫁にやろう」

三年がたった頃、寝太郎はむっくりと起き上がった。「おっかあ、すまねえが、飯を一升ばかり炊いてくれねえか」。息子は一升の飯をたいらげると「ちょっくら出かけてくるべ」と言って山に入っていった。村の男たちは寝

太郎の後を追いかけた。
寝太郎は山のずっと奥までやってきて、品定めでもするようにあの石、この石に触っては、押したり引いたりしていた。やがて、寝太郎は谷の上にそびえる大岩の前にすくっと立った。そして、渾身の力をこめて大岩を押した。すると、ぐらっぐらっと大岩が動き始めた。体をぶつけるように足を踏ん張ると、とうとう大岩が傾きはじめ、ついにはどーんと大岩が谷へ向かって落ちていった。転がり出した大岩が、崖を崩し、崩れた崖が雪崩のように谷間を埋めた。すると、せき止められた川の水が岸を超えてあふれ出した。そして、新たな川筋が村へ向かって流れていった。
水はたちまち田をうるおしていった。「おお、水じゃ、水じゃ」「神様の恵みじゃ」「そうでねえ、寝太郎のおかげじゃ」
これ以降、村はどんな日照りになっても水に困ることはなくなった。寝太郎は長者どんの娘を嫁にもらい、おっかさんを大事にしながら、幸せに暮らしたという。

引きこもる力

さて、この昔話からどんな教訓が導けるだろうか。ここから勧善懲悪（かんぜんちょうあく）的な教訓を読みとろうとしても無理である。

日本の昔話研究の第一人者である小澤俊夫はこう語っている。

「あの、昔話ってね意外に思うかもしれないけど、あんまりね道徳気にしてません。それよりも、強く生きろ、このメッセージなんですよ。あんまり善悪気にしてないよ、本当は。嘘つきで幸せになる話なんて、いっくらでもある。世界中だよ、日本だけじゃなく。強く生きろ、この方がよっぽど大事なメッセージなんです。……こう言っていいんじゃないか、今の話をさ。あの寝太郎は、寝ていたのは若いときだけだった、途中で起きたんだ。途中で知恵がつく。一生寝てないよね。そこんとこです。一生寝てない。若いときに、寝てた。でも途中で知恵を出して生きてった、で、幸せを獲得した。……っていうふうに考えたら、多くの方の人生、そういうもんじゃないですか」（NPO法人「絵本で子育て」センターによる講演録（http://www.ehondekosodate.com/report/koen_ozawa1.html）、二〇一六年二月二一日開催）

若い頃は多かれ少なかれ、こういう状態に陥ることはよくある。三年寝太郎レベルとまではいかなくても、昔の大学生の三分の一ぐらいは講義にろくすっぽ出ず、下宿やアパートに引きこもって、ぐうたらな生活をしていたように思う。

『植物はすごい』（田中修著／中公新書）をぱらぱらと読んでいたら、「地下に隠れて、からだを守る〝すごさ〟」という文字が目に入った。そこには、ワラビやドクダミ、スギナの生態が紹介されている。

それらの植物は春から夏にかけて元気に育ち、やがて秋になると地上から姿を消す。多くの人は「枯れたんだ」と思う。たしかに、地上部は枯れてしまうが、地下部は枯れない。土の中を横へ横へと長く伸びた茎が、まるで根のように元気に生きているという。

私には、引きこもりや不登校の若者がワラビやドクダミ、スギナとかぶってみえた。彼ら彼女らも地下に隠れて、身を守っているだけではないか。それらの植物が春になって芽を出すように、やがては社会へと出ていくに違いない。物事や人は常ならず、変化は必然である。

家の中にこもっている若者は何にも力を持っていないのだろうか。そうでもない。家の中に隠れて、自分を守る〝すごさ〟も持っている。強さというよりも、強かさといったほうがしっくりとくる。彼ら彼女らは決して無力ではない。

常識的には弱みに違いないのだが、見方を変えれば、それは立派な強みになる。世の中に同調しない力、大人に反逆する力、仲間と群れずに過ごせる力、孤独に耐えられる力、——これらはみんな強みである。

今の世の中、「勤勉は善、怠惰は悪」の一色である。当然のことながら、怠惰な人間は、勤勉な人間から怠け者、不精者、ぐうたらと非難される。しかし、今という瞬間に焦点を合わせるのではなくて、**人生全体という長い時間軸の中で見れば、実は創造的退行や積極的怠けをしているだけというように前向きにとらえることだってできる。**

人生、山あり谷あり。谷が深ければ深いほど山は高くなる。人生には浮き沈みがある。良いときはおごらず、悪いときはくさらず、あせらずに耐える。人生いろいろ、へこたれずに強かに生きようではないか。

№64

握り飯の近道

何事によらず近道を好く男がいた。あるとき、この男は一人旅をしている途中で便意を催した。時はまだ十一時すぎ、「今一息で次の宿場まで行けるのに困ったものだ。大便に時間をとられると相当の時間を損することになる。歩きながら用を足す方法はないか」とあれこれ近道を考えた。

ますます便意を催してきた男は、仕方なく、道ばたの野雪隠（のぜっちん）へ走り込んだ。用を足しながら「ここで手間取っていては、だいぶ道が遅れる」と案じているうち、「そうだ。時分は昼前、次の宿場で昼飯を食うとなると、二重三重の休息になる。いっそこうしているうちに弁当を食ってしまえば、一挙両得というもの、しごくよい近道じゃ」と、首から弁当を下ろして食べはじめた。

そうしたとき、スズメバチが飛んできて、急所をちくりと刺したので、手に乗せていた皮包みの飯が、ころりと野壺の中に落ちていった。

男はしばらく惜しそうに下を見ていたものの、やがて横手をうち「ははあ、これはよほどの近道じゃ」と言った。口の中で噛み、喉元を過ぎて胃腸を通り、下へおろすものを、口には入れず、手のひらから野壺へ落としたのは、近道に違いない。しかし、喉を通さぬと、実にはならない。

回り道の人生を味わう

　男は近道をしようと、大便をしながら弁当を食べようとした。男の気持ちを弁当が察したのであろうか。弁当も近道をしようとした。男の口や胃腸を通ることなく、まっすぐ野壺に向かったのだ。男は「これはよほどの近道じゃ」と感心したものの、結局のところお腹はふくれず、弁当から栄養を摂取することもできなかった。そういう笑い話である。

　私たちは、近道や早道は良いこと、回り道は悪いことと考えがちである。しかし、これは本当だろうか。近道や早道を選ぶというのは効率を第一に考えた結果である。もちろん、人生の各場面、たとえば仕事や学習の一場面において効率性を第一に考えて、近道や早道を求めるのは間違いではない。しかし、すべての場面で、とりわけ人生の全体像の中においてそれは正しいわけではなく、あえて寄り道、脇道、回り道を選ぶことの方が正しいのではないか。

効率的な人生という言葉はほめ言葉にはならない。むしろ味気ない人生という意味にさえ聞こえてくる。生き急ぐというのもほめ言葉ではない。それは、人生を楽しむことなく、全力疾走一辺倒で無理をして生きている人であり、死に急ぐことと意味がかぶってくる。

人生は早道や近道よりも、寄り道、脇道、回り道のほうが面白い。それは人間らしい豊かな人生である。

チェコの作家ミラン・クンデラは小説『緩やかさ』（集英社）の中で、こんなことを語っている。

「緩やかさと記憶、速さと忘却のあいだには、ひそやかな関係がある。ある男が道を歩いているという、これ以上ないほど平凡な状況を想起してみよう。突然、彼は何かを思い出そうとするが、思い出せない。そのとき、彼は機械的に足取りを緩める。逆に、経験したばかりの辛い事故を忘れようとする者は、時間的にはまだあまりにも近すぎるものから急いで遠ざかりたいとでもいうように、知らぬ前に歩調を速める」

速さと忘却の間には強い比例関係がある。緩やかさをとり戻せば、自分本来の記憶もよみがえってくる。緩やかさと記憶の間には強い比例関係があるからだ。急がない勇気、忙しがらない度量を持ちたい。

№65

二人の禅僧

二人の禅僧が川を渡ろうとしていた。そのとき、近くで一人の若い女が困った様子で川を見つめているのに気がついた。

「川の流れが速くて渡れないのです」と女は言う。そこで年上の禅僧が「背負ってまいろうか」と声をかけた。女はうなずいた。女を背負って無事に向こう岸に渡ると、女はお礼を言って去っていった。

女が見えなくなるとすぐ、若い禅僧は年上の禅僧を非難した。「恥ずかしいとは思いませんか。私たちは女の体に触れることを許されていないのですよ」

二人はやがて寺にたどりついた。若い禅僧は年上の禅僧に「あなたは禁じられた下品な行いをしました。寺の住職に報告します」と言った。年上の禅僧は訳が分からないという様子で尋ねた。

「私が何をしたというのだ」

「美しい女を背負って川を渡ったじゃありませんか」

「ああ、あのことか。おまえの言うとおり、たしかに背負った。だが、私は川岸に女を置いてきたぞ。おまえはまだ女を背負っているようだな」

こだわりの良し悪し

「こだわるな」は仏教の教えの一つである。「こだわる」とは、他人から見ればどうでもいい些細なことに心がとらわれてしまい、そのことをいつまでも気にし続けている状態をいう。

この寓話のように、規則だからという理由で、他人が困っているのに助けてあげない――これは規則にこだわりすぎている。それでは駄目だと言っているのだ。

さて、最近では、この「こだわり」という言葉は良い意味でも使われるようになっている。『明鏡国語辞典』（大修館書店）には、通常の意味のほかに「（新しい言い方で）細かなことにまで気をつかって味覚などの価値を追求する」と書いてある。私もカウンセリングの場面で、「会社を選ぶときのさあ、自分なりのこだわりって何かある？」という質問をよくする。

言葉は主観的なものであるから、こだわりを持つことが悪いことであるとは限らない。

むしろ、良いことでもあるのだ。

精神科医のカール・グスタフ・ユングは「光は闇の中から生まれてくる」と述べている。取るに足らないことの中に、意外に大事なことや本質的なことが隠れているのは珍しくない。それはまるでダイヤモンドが泥の中から発見されるのと似ている。些細なこだわりの中に、創造的なきっかけをつかむことができ、われわれの生きるエネルギーがその中に潜んでいることが多いということを忘れてはいけない。

№66

人間万事塞翁（さいおう）が馬

昔、中国北方の国境近くに住む老人（塞翁）の馬がいなくなった。人々が気の毒がると、老人は「なに今に良いことがあるよ」と平気だった。

やがて、その馬は駿馬（しゅんめ）を連れて戻ってきた。人々が「よかった、よかった」と祝うと、「今度はこれが不幸の元になり、何か悪いことが起きるかもしれない」と喜ばなかった。

案の定、その馬に乗った老人の息子が落馬して足の骨を折ってしまった。人々が見舞いにいくと、老人は「これが幸福の元になるだろう」と平気だった。

一年後、胡軍が大挙して攻め込んできて戦争となり、健常な若者たちはほとんどが連れていかれて戦死した。しかし足を折った老人の息子は、兵役を免れたため、戦死しなくて済んだ。

良いも悪いも受け入れて、淡々と進む

この寓話の面白さは〈馬が逃げる→逃げた馬が駿馬を連れて戻ってくる→息子が落馬して足の骨を折る→ケガのおかげで息子が兵役を免れる〉というように「不運と幸運」が連続していくところにある。

この話は、ノーベル生理学・医学賞を受賞した山中伸弥が好きな寓話としても知られている。高校生向けの講演会の一部から引用する。

「人生の四八年間、特に後半の二〇年間くらいを振り返ってみると、本当にこの『万事塞翁が馬』だなと。本当に大変なこともあるし、うれしいこともある。でも、大変だと思ったことが実はうれしいことの始まりだったり、ものすごくいいと思ったことがとんでもないことの始まりだったり。ということですから、一喜一憂せずに淡々と頑張るということを……わかってもらえたらなと思います」（出典元：http://logmi.jp/37151）

不利な状況がかえって幸運をもたらすこともあるし、逆に有利な状況がかえって不幸をもたらすこともある。**人生というのは固定的なものではなく、流動的なものであるから、いつ幸福が不幸に、不幸が幸福に転じるか分からない。**だから、状況が変化するたびに喜んだり心配したりして落ち着かない状態になるのではなく、やるべきことを日々淡々とやるのみである。

第14章

生と死のつながり

№67

閻魔王（えんまおう）の七人の使者

ここは地獄の閻魔王庁である。閻魔王は「浄玻璃（じょうはり）の鏡」を見ながら男にこう言った。

「なんだ、お前は。悪いことばかりして、ちっとも善いことをしていないではないか。これじゃあ、地獄行きだな」

「すみません。急だったもので、善行を積む暇がなかったんです」

男は弁解した。

「急に死んだと言うが、お前は何歳じゃ？」

「六七歳です」

「六七歳か。六七歳なら、わしが送った七人の使者を見たであろう」

「七人の使者と言いますと……そんな方は見かけませんでした」

閻魔王はこう言った。

「一つ目は目だ。かつてはどんなものでもはっきりと見えた。しかし、最近ではどうだ……よく見えまい。

二つ目は耳だ。むかしはささやき声でも聞きとれたというのに、この頃は角笛（つのぶえ）さえも聞こえまい。

三つ目は歯だ。若い頃は石さえかみ砕けるほど頑丈だったのに、今はほと

んど残っていないではないか。

四つ目は髪だ。子どもの頃はカラスのように真っ黒だった髪の毛も、すっかり抜けて禿げ上がり、わずかに残る髪も白く変わってしまっただろうが。

五つ目は背筋だ。若い頃はナツメヤシの木のようにピンと張っていた背筋も、今では弓のように曲がってしまったではないか。

六つ目は足だ。かつては二本の足でしっかり踏ん張っていたが、今や足ともおぼつかない。杖がなくては、ふらついてしまって歩けないだろうが。

七つ目は食欲だ。昔は口にするものすべてがうまかったのに、この頃は、どんなものも口に合うまい。さあ、七人の使者を説明したぞ。何か言うことがあるかね？　みんな、お前とともにいるではないか」

男は何も言えなかった。

「使者の警告を無視してお前は何の準備もしなかった。いまさら後悔してももう遅い。お前は地獄行きだ」

＊【浄玻璃の鏡】閻魔王がいる庁舎にあり、死者の生前の善悪の行為を映し出すという鏡。

今日が人生最後の日なら、あなたはどう生きる？

平均余命という指数がある。ある年齢の者が平均するとあと何年生きられるかを示した数である。たとえば、ここに五五歳の男性がいるとする。「平成二七年簡易生命表」によれば、五五歳の男性の平均余命はおよそ二八年（女性はおよそ三三年）である。この数字はどういうことを意味するのか。

誰もがあと二八年生きられるということではない。あくまでも平均値であるから、五六歳で亡くなる人もいれば、一〇〇歳まで生きる人もいる。この寓話の登場人物は六七歳の男性である。当然、自分の順番はまだまだ先だろうと高をくくっていた。ところが、気がついたら、地獄の閻魔王庁にいたのである。

この寓話では「あの世」には極楽と地獄があって、生前に善行を積んだ人は極楽に行けるが、悪行をしてきた人は地獄に行くという設定になっている。どちらに行くのかを判断するのは閻魔王である。悪行しかしてこなかった人は言うまでもなく、これまで何ら善行らしきことをしてこなかった人であっても、年齢を重ねて死期が近づいてきたらなるべく早いうちから善行を積みましょう――そういう教えを諭(さと)す話である。

人間は必ず死ぬ。いつ死ぬかは分からなくても、必ずいつかは死ぬ。大人であればみんなそういうことは知っている。その一方で、自分だけは当分の間、死なないだろう――そう思いながらみんな生きている。こういう感覚は、若者だけに限らない。

「当分、自分は死なないだろう」と高をくくって生きているよりも、**「今日が人生最後の日かもしれない」と思って生きたほうが賢明である。そのほうが、今日一日の時間の質が高まるからだ。**

家族と食事をする、商店街を歩く、寿司を食べる、酒を飲む、コーヒーを飲む、ケーキを食べる、テニスをする、プールで泳ぐ、風呂に入る、桜を見る、デートをする、海を見る、電車に乗る――どれもこれも「これで最後か」と思えば感慨もひとしおである。

自分の死を意識するとはどういうことか。四六時中「すべての人間は死ぬ。私は人間である。ゆえに私は死ぬ」という三段論法を反芻(はんすう)して、くよくよ生きることではない。「今日が最後の日かもしれない」という言葉を心の底にしまいつつも、時々はそれをとり出しながら快活に生きていくことではないか。

最後に余談を少々。仏教の開祖である釈迦はきっとこの話に異議を唱えるだろう。というのも、釈迦にとってはこの人生こそが苦であり（一切皆苦）、地獄とはこの世に何度も何度もさまざまな境遇で生まれてくる「輪廻」そのものだったからだ。

つまり、地獄は「この世」そのものであり、「輪廻」から脱出して行ける極楽だけが「あの世」というわけだ。

王

№68

「死の意味」と「生の意味」

弟子の子路が「鬼神に仕える道」を孔子に尋ねた。すると孔子は「まだ人に十分仕えることができないでいて、どうして鬼神に仕えることができようか」と答えた。

子路はさらに「では、あえて死について問います」と言った。すると孔子は「まだ生についてよくわかっていないのに、どうして死のことがわかろうか」と答えた。

*【鬼神】死者の霊魂や天地の心霊のこと。

「死の意味」を理屈で知ることはできない

孔子は「鬼神に仕えること」や「死の意味」はどうでもいいと言っているわけではない。生の解明を疎かにして、死の解明にうつつを抜かすことの愚を戒めたのだ。人間の認識には限界があるので、「人に仕える道」や「生の意味」は知り得ても、「鬼神に仕える道」や「死の意味」を理屈で知ることはできない。孔子はそう考えたのである。

決して孔子が冷淡で薄情だったわけではない。というのも、最愛の弟子である顔回（顔淵）が早逝したとき、孔子は人目もはばからず慟哭（どうこく）している。従者が驚くと、孔子は「顔淵のような人のために慟哭するのでなかったら、一体誰のためにするのか」と答えている。

ここには、死に関する深い洞察があるわけでもなく、ただただ愛弟子の死を嘆き悲しんでいる孔子の姿が表現されている。悲しいものは悲しい、つらいものはつらい。それが孔子の偽らざる気持ちだったのであろう。**理屈や講釈を述べることで現実から逃げるのではなく、真正面からその時の心情に向き合うことの大切さ**を教えてくれているように思う。

№69

接ぎ木をする老僧

谷中の里に古びた寺があった。寛永（一六二四〜一六四四年）の頃、将軍とお供の者が鷹狩の帰りにこの寺に立ち寄られた。ちょうどそのとき、八十歳になろうかという老僧が庭で接ぎ木をしていた。将軍が「何をしているのか？」と聞いた。老僧は「接ぎ木をしています」と答えた。

するとと将軍は笑って言った。

「あなたは年老いているので、今、接ぎ木をしても、この木が大きくなるまで、命が続いているかどうかは分からないだろう。だから、そのように心をこめてやる必要はあるまい」

これに対して老僧はこう答えた。

「よく考えてみてください。今、接ぎ木をしておけば、後世の代になってどれもが大きく育っているでしょう。そうすれば、林も茂り、寺も何とかやっていけるでしょう。私は寺のためを考えてやっているのです。決して私一代のことだけを考えてやっているのではありません」と言った。

これを聞いた将軍は「老僧が申す事はまことであり、もっともなことだ」と感心された。

次の世代につながる生き方をする

後世には二つの読み方がある。「ごせ」と「こうせい」である。「ごせ」と読めば「来世」や「死後の世界」のことになり、「こうせい」と読めば「後の世」や「後の時代」のことになる。

橋本治は「ごせ」と「こうせい」のどちらが美しいかと問いかけ、後者のほうが美しいと言う（「私は仏教の何を知りたいのか」『考える人』二〇〇五年冬号）。

前者では「自分は存在し続ける」という輪廻転生を前提にしており、自分の来生を考えるという意味で利己的である。一方、後者では「自分が存在するのは一時である」という無常の概念を前提にしており、自分が存在しなくなった後の世の中を考えるという意味で利他的である。

「自分は消えても『他人』はある。その『他人』につなげていくことが自分の人生だという考え方は、美しい。一代完結の自分の人生に不安を感じるのは、この『他に及ぼす』を欠落させてしまった結果ではないのか、などと思うのである」と述べている。

そういう違いを知ったうえでこの寓話を読んでみると、将軍は「小さな人間」、老僧は「大きな人間」に思えてくる。もちろん将軍と比べてみたとき、老僧の身なりは貧相であったろう。しかし、その姿は神々しく美しく見えたに違いない。

この寓話を読んで、ドイツの宗教改革者マルティン・ルターの格言を思い出す人も多いのではないか。「**たとえ明日世界が滅びることを知っていても、私は今日、なおリンゴの若木を植えるだろう**」。この言葉は「何が起ころうとも希望の芽を自ら摘むことはしない。するべきことを放棄せずに淡々とこなしていくこと、それが、自分のとるべき道だ」、そういう信念を表現している。

私たちは今、悪化の一途をたどる環境問題、制御しきれない科学技術、核戦争勃発の危機、己の正義だけを信じる大国の指導者たち——そうしたさまざまなことに恐れを抱き、大きな不安に包まれている。こういう状態で希望なんてものを持てるのかと投げやりになることもある。

しかし、それでもなお希望を持つことは必要だ。希望は上から降ってくるものでもないし、下から湧いてくるものでもない。希望は人間がつくりだすものだ。自分にできること、自分のするべきことは何なのかを考え、自分なりのリンゴの若木を植えていくしかない。

ちなみに、この格言がルターの言葉であるというのは「一つの《伝説》」であり、「それは、宗教改革者の言葉とされることによって、権威づけを与えようと試みたもの」（『聖書の信仰　1』宮田光雄著／岩波書店）だと言われている。たとえ、この格言がルターの言葉ではなかったとしても、この言葉の価値が下がるわけではあるまい。

№70

四人の妻

昔々、ある国に四人の妻を持つ長者が住んでいた。
一番目の妻は、彼が最も愛する女性だった。どこに行くときも決して離さず、いつも一緒だった。彼女が欲しがるものは何でも買い与え、食べたいと言うものは何でも食べさせた。まるで彼女の言いなりというほどの可愛がりようであった。

二番目の妻は、他の男たちと激しく奪い合い、知恵の限りを尽くした末にやっとのことで手に入れた女性だった。いつも気にかけており、外出するときは片時も離さず、家に帰ってからは鍵のかかる部屋に入れ、勝手に出て行かぬよう見張りまで立てるほどだった。

三番目の妻は、たくさんのお金をかけ、面倒を見てきた女性だった。嬉しいときには喜び合い、悲しいときには慰め合い、励まし合うような仲だった。

四番目の妻は、男にとってほとんど召使いと変わらなかった。彼女は男のために毎日忙しく立ち回り、罵られながらも男の意のままに立ち働いた。にもかかわらず、夫からは何の愛情も受けなかった。それどころか、その存在自体が忘れ去られているようだった。

ある日、王様からこの長者に遠い国へ旅するように命令が下った。

そこで長者は一番目の妻に一緒に行ってくれるように頼んだ。しかし、「嫌でございます。どうぞ一人で行ってください」と断られてしまう。

長者は二番目の妻に同行してくれるように頼んだ。しかし、この妻からもつれない返事が返ってくるばかりだった。

しかたなく長者は三番目の妻に話をした。すると「国境まではお見送りいたします。でも、そこから先はご一緒できません」という答えだった。

長者はいよいよ困って四番目の妻に頼んでみることにした。すると「はい、私はあなたと一緒にどこまでも参ります」と言ってくれた。最もひどい仕打ちをした妻がお供をしてくれるという。こうして長者は四番目の妻と共に遠い国に旅立っていくことができた。

心が「この世」と「あの世」をつなぐ

男性ならば「四人も妻を持てるなんてうらやましい！」と思うかもしれない。しかし、早合点してはいけない。四人の妻を持つことは大変なことなのだ。基本的にえこひいきはできない。だから、お金や愛を公平に与えなければいけない。そんなことできるのか？「うらやましい」なんて思いは何とも浅はかな考えであることに気づくだろう。

余談はこのくらいにしておこう。この話は『雑阿含経』に出てくる仏教寓話である。種明かしをすると、ある国とは「この世」、遠い国とは「あの世」のことである。

では、一番目から四番目までの妻は何を意味しているのだろうか。順に見ていこう。

一番目の妻とは自分の肉体だ。人間が自分の身体を愛する様子は、一番目の妻を愛する様子と変わらない。しかし、死んでしまえば肉体は滅びる。やがては灰になり、土になる。

二番目の妻とは自分の財産だ。どんなに苦労して手に入れた財産であっても、死ぬときに持っていくことはできない。やがては誰か他人のものになってしまう。

三番目の妻とは自分の妻（あるいは子ども、兄弟、親類、友人）だ。死ぬときには涙を流して悲しんでくれても、しょせんは墓場までの付き合い。そこから先は一人旅となる。**四番目の妻とは自分の心だ。**生きている間、人間は目に見えるものだけに一生懸命になり、目に見えない心はいつも後回しにされる。心だけはあの世まで一緒に来てくれるのだ。

一番目、二番目、三番目の妻について理解するのは難しくないだろう。問題は四番目の妻についての解釈である。

さまざまな死生観があることは、後に「ヤゴとトンボ」（289ページ）のところで紹介する。一つ目の考え方——肉体は滅んでも魂（＝霊魂や心）は存在し続けるという考え——を採用すれば、この話に納得できる。しかし、この話は仏教寓話である。仏教では無我の教え、つまり自己は存在しないとみるのが原則であるので、心が実体として存在するのはおかしいのだ。ちょっと説明しよう。

ブッダが仏教を唱えはじめるよりも八〇〇年ほど前、インドに移動してきたアーリア人が始めたバラモン教は魂の存在を信じていた。人が亡くなると、火葬の煙と共に魂は体を離れて昇っていくと考えられていた。

しかし、ブッダは魂には実体はないと考えたので、この教えを否定した。その論理が仏教経典の『二入四行論』に記されている。その主旨を現代語訳すると次のようになる(『生きるための哲学』白取春彦著/ディスカヴァー)。

「心というものが最初から存在しているのではない。心というものはいつも、対象物によって生じる。対象物が心というものを引き起こすのだ。しかし、この対象物とされるものも、心によって対象物とされるにすぎない。どちらも、相手がなければ存在しない。心も物も、それ自体では存在することができない」

これを参考に私の解釈を述べよう。四番目の妻が実体としての心だという説明には無理がある。それよりも、心は人の体の中のどこかに存在するのではなく、それは私と他者との関係性に存在すると考えればよいのではないか。

何かに意識を向けるとき、そこにはたらくのが心である。自分以外の人間や動物、植物との関係を大切にして生きること、優しい気持ちで接することが心をはたらかせることになる。「この世」で心を十分にはたらかせて生きることができれば、「あの世」に旅立った後にもそのはたらきは世界から消えることはない。自分が生前に接した人間や動物、植物の意識の中に「よい思い出」として蓄積される。**生者と死者は連続しており、その「よい**

「思い出」は「この世」と「あの世」をつないでいるのだ。

哲学者の今道友信は『人生の贈り物』（かまくら春秋社）の中で哲学者のガブリエル・マルセルとの別れの場面を回想している。

今道がフランスでの留学を終えて日本に戻る少し前に、マルセルが問いかけた。

「ムッシュ・イマミチ、これからは君と会えなくなるけれども、人間が他の人間に贈ることのできる最大の贈り物は何だと思いますか」。今道は思いつくままいろいろと挙げたが、どれもマルセルは違うと言う。そしてマルセルは言った。

「人間が人間に贈る最大の贈り物、それは『よい思い出』です。どれほど立派な品物でも、いつかは壊れます。壊れなくても色が褪せてしまいます。でも、よい思い出は一生かわることはありません。壊れることもなければ色褪せることもない。一生続きます。そしてそれを君が語り継いでいけば、その次の世代の心にも残るでしょう。よい思い出を人からもらうようにしなさい。それと同時に、よい思い出を人に与えるような人間になりなさい」

「思い出」を「考え方」に置きかえてみてもいい。よい物は壊れるけど、よい考えは壊れない。よい物は色褪せるけど、よい考えは色褪せない。よい考えを語り継げば、その次の世代の心に残る。

たとえば、一人の人間が一生をかけて自分の考え方を一〇〇人に伝えたとする。その一〇〇人がそれぞれ一〇〇人に伝えたとする。そうすると一万人に伝わったことになる。次の世代には一〇〇万人、その次は一億人になる。そしてその次は一〇〇億人になって、世界の人口を超える。

№71

ヤゴとトンボ

ある深い池にヤゴが住んでいた。彼らは不思議に思っていた。百合(ゆり)の枝をつたって水面にのぼっていった友だちは、なぜ誰も帰ってこないのだろう。

そこで彼らは相談した。

「次に誰かが水面に上がったら、必ず戻ってきて、何が起こったのかを話してくれ。約束だよ」。

すぐに、仲間の一人が強い力を感じた。

彼は百合の葉にたどり着き、そこで美しい羽のトンボに変身した。

そのことを伝えようと、彼は池の水面を飛びまわった。

けれど、ヤゴたちは誰一人として、その美しい生き物がかつての仲間の一人だとは気づかないのだった。

*【ヤゴ】トンボ類の幼虫の総称。池や沼などに生息し、小動物を捕食する。

私は死んだらどうなるのか

『死生観を問いなおす』（広井良典著／筑摩書房）を導きの糸としながら、この寓話を材料に私が何をどう考えたかを書いてみる。

死は二種類に分けられる。一つは「別れとしての死」であり、もう一つは「無としての死」である。前者は他者との別れを意味し、後者は「自分自身との別れ」――それは「意識する私」そのものとの別れ――を意味する。死のもたらす悲しみは前者に関係し、死のもたらす恐怖は後者に関係する。

輪廻転生を暗示しているこの寓話を読むと、こういう悲しみや恐怖から少しだけ逃れることができる。**他者という存在、あるいは自分という存在は死によって消えてなくなってしまうのではなくて何らかのかたちで存在し続ける。そのような意味で、他者あるいは私には「死」はない。**これは「他者の死」に伴う悲しみ、「私の死」に伴う恐怖を乗り越える一つの死生観である。

どんな人でもその人なりの死生観を持っている。もちろん明確な死生観を持っている人は少数派かもしれないが、それでも、まったく持っていない人はいないのではないか。多くの人はぼんやりした死生観、理屈ではなく物語的な死生観を抱えながら生きている。

そもそも死生観とは何か。難しく言えば、「私の生そして死が、宇宙や生命全体の流れの中で、どのような位置にあり、どのような意味を持っているか、についての考えや理解」（前掲書）である。もっと簡単に言えば、「私は死んだらどうなるのか」についての考えや理解である。

死生観を分類してみる。まずは大きく「考えない派」と「考える派」に分けられる。

「考えない派」は、考えない理由を次のように説明する。「要するに死とは〈無〉なんだから、死についてあれこれ考えても生産的ではないので、ともかく生の充実を図ることに注力する」。あるいは「死の世界は不可知である。不可知であるものにこだわってはいけない。深入りせずに漠然としたままにしておく」（『死の意味』と『生の意味』（276ページ）における孔子の立場）。その理由は異なっているが、真正面からは考えないという点で一致している。

「考える派」は四つに分類できる（前掲書）。これら四つはいずれも「私たちはどこから来てどこへ行くのか」という問いに「一定の答え」を与えるものであり、その物語は異なるものの、死は終わりではないとする点で一致している。

一つ目は、肉体は滅びても「魂」は存在し続けるという考えである。例えれば、車が肉体であり、魂が運転手である。車が壊れたら、別の車に乗り換えることになると考える。

二つ目は、自然の世界に戻っていき、かたちを変えて存在し続けるという考えである。土葬であれ火葬であれ、私たちの肉体を構成していたものは分子レベルでは変化するにせよ、原子レベルでは変化しない。それは空気中に広がったり、水や土の中に溶け込んだりしながら、やがては他の生物の身体の一部となる。この地球や宇宙からなくなるわけではない。

三つ目は、私自身の意識はなくなるが、かたちを変えて輪廻転生の世界に戻っていくという考えである。日本人の場合、比較的恵まれた自然環境ということもあり、基本的に現世肯定的な志向を強く持っているので、輪廻転生それ自体を否定的にとらえないという特徴を持っている。

四つ目は、私たちは死によって何らかのかたちで「永遠の生命」を得るという考えだ。仏教では、この世のいっさいは苦であり（一切皆苦）、そういう現象の世界あるいは仮構の世界から離脱し、時間を越えた永遠の生命そして平安へと到達することが志向される。

以上、とりあえず分類してみたものの「私の死生観はこれだ！」と一つだけを選べる人は少ないのではないか。ただ、不可知だから考えるなと言われても考えてしまうのが人間の性だし、死んだらすべて無というのもさびしい気がする。

日本人の死生観は単層的ではなく重層的になっているという。どれか一つを選ぶ必要もないのであり、その時の状況によって選んでもかまわないのかもしれない。

アメリカにプラグマティズムと呼ばれる哲学がある（『希望の思想 プラグマティズム入門』大賀祐樹著／筑摩書房）。従来の哲学は、真理とは人間に先立って存在していると考え、その唯一無二の姿をありのままにとらえようと奮闘努力してきた。これに対して、プラグマティズムは、ある考え方が何を生み出し、人々をどのような行動に導いていくか、ということを重視した。

プラグマティズムの立場においては、ある問題を解決する上で役に立ち、多くの人がそれを「正しい」と見なしているものを、暫定的ながらも「正しい」ものだとした。人々の生き方や社会に良い効果をもたらす理論や物語こそが有用な思想だと考えた。

こういう観点からすれば、科学的には誤りかもしれないこと、証明したり、記述したりすることが不可能なことでも、それを信じることで善き生が可能になるような考え方は「それなりに正しい」ものとして肯定されるのだ。

「考える派」の死生観はそれぞれがそれなりに正しいのである。

第15章

どんなときでも「ものは考えよう」

No.72

こぶで有難い

昔、有難屋吉兵衛という男がいた。この男、すこぶる楽天家であり、かつて不平不満を言ったことがなかった。

その吉兵衛がある日、急いで外出しようとしたところ鴨居(かもい)に頭をぶつけ、饅頭(まんじゅう)のようなこぶをつくった。しかし、痛いとも言わず、両手でこぶをおさえながら「有難い、有難い」と感謝するばかりだった。

これを見ていた隣人は怪しんで尋ねた。「吉兵衛さん、あんたはこぶができるほどの怪我をしながら、何が有難いのじゃ」

吉兵衛さんは答えた。「有難いですよ。頭が割れても仕方がないのに、こぶぐらいで済んだんですもの。実に有難いと思います」

残っているものを数えよう

痛くて仕方がないにもかかわらず、無理に我慢して、平気を装っているだけともいえる。しかし、自身に起きた小さな不運にいつまでもとらわれていても、痛みが和らぐわけではない。忌々しさがこみあげ、かえって痛みが増すのが落ちである。それよりも、その程度で事が済んだ幸運をかみしめるほうがよほど生産的だろう。

こんなユダヤ人ジョークがある。「ユダヤ人は足を折っても、片足で良かったと思い、両足を折っても、首でなくて良かったと思う。首を折れば、もう何も心配することはない」

失ったものを数えるな。残っているものを数えよ。そして、残っているものがあることに感謝し、それを最大限に活かそう。これは真実である。

生きているからこそ心配できるのであって、もしも首を折って死んでしまえば心配することさえできない。だから、首が折れなかったことに感謝しよう。一方で首が折れて死んでしまえば永遠に心配から解放されるわけだから、それもまためでたいことなのである。

№73

ましての翁（おきな）

以前、近江の国に仏教の篤信者（とくしんしゃ）がいた。その者は普段から何事につけても「まして、まして」と言っていたので、近所の人たちは「ましての翁」というあだ名をつけていた。

暑い日に道で会ったとき「本当に暑いですね」と挨拶すると、その老人は「暑いには違いない。人間の世界でもこのくらい暑いのだから、まして焦熱（しょうねつ）地獄ではどのくらい暑いかはしれない。それを思えば、このくらいの暑さは辛抱しなければなりません」と答えた。

寒い日に道で会ったとき「たいそう寒いですね」と挨拶すると、その老人は「寒いには違いない。人間の世界でもこのくらい寒いのだから、まして八寒地獄にでも落ちたら、どのくらい寒いかしれません。それを思えばこのくらいの寒さは我慢しなくてはなりません」と答えた。

老人はこのように何事についても、生涯不平不満を言わず、いつも人に対して「まして、まして」を連発し、いつもニコニコしながら生活していたという。だから、人は本名を呼ばないでこの老人のことを「ましての翁」と呼んでいたとのことである。

基準値を下げて「ほどほど」でいく

不平不満の多い人の特徴は、基準値が高いことである。逆に、不平不満の少ない人の特徴は、基準値が低いことである。「ましての翁」は極端に基準値の低い人だ。

基準値を下げるという心構えは、他人や会社に対する振る舞い方を考えるうえでも有効である。他人や会社に対して不平不満をまくし立てる人は、例外なく他人や会社に求める基準値が高い。六〇点では満足せず、あくまでも一〇〇点を求める。一〇〇点と現状のギャップが不平不満を生む。

だが、待ってほしい。自分が満点の人間でないのと同様、他人も満点の人間ではない。会社も同じで、満点の組織ではない。みんな一長一短を持っている〝ほどほどの人間〟〝ほどほどの会社〟なのである。**完璧主義を捨て、ほどほど主義でいこう。**「まあ、世の中、こんなもんだろ」というような達観した態度でニコニコしながら生活するのが賢明である。

№74

キツネとブドウ

飢えたキツネが、ブドウ棚からブドウの房が垂れ下がっているのを見つけた。さっそく取って食べようとしたが、手が届かなかった。

キツネはそこを立ち去りながらこう言った。

「あれはまだ熟れていない」

愚痴より負け惜しみのほうがまし

有名なイソップ寓話である。イソップは「このように人間の場合でも、力不足で出来ないのに、時のせいにするひとがいるものだ」という一文をこの話の後に書いている。

このキツネはブドウが欲しかった。しかし、努力しても手が届かないのが分かったとき「実はそのブドウには価値がない」というように見方を変えた。そうすることで心の平安を得たのだ。

ラ・フォンテーヌは、この寓話を翻案しており、装飾を施した話の後に「愚痴をこぼすよりはましなことを言ったではないか」という教訓を書いている。ラ・フォンテーヌは負け惜しみを真っ向から否定するのではなく、「愚痴をこぼすよりはまし」という点で負け惜しみの効用を認めている。負け惜しみの態度を戒める、イソップ風の教訓とは異なっている。

実生活でキツネと同様の経験をしたとき、私たちはどうするべきか。最悪なのは「逃がした魚は大きい」と愚痴をこぼし続けることだ。愚痴とは、言っても仕方がないことを嘆くことである。

最良なのは、**失敗した原因を追究し、次に同じような事が起きたら成功できるように自己トレーニングを積むことだ**。ただし、人生のすべての問題にこれは適用できない。自分ではどうしようもない問題も多々あるからだ。そういうときは「逃がした魚は雑魚(ざこ)」と笑い飛ばすのが良い。異性にふられた、会社から内定をもらえなかった——こんなときはこの格言が有効である。

№75

堪忍は一つ

昔、堪忍六助という男がいた。何事にも腹を立てず、堪忍強い男であったため、世間の人は彼のことをほめそやした。だが、六助の近所の若い衆はこれが気に入らない。そこで、六助をへこましてやろうと相談をした。まず、六助が歩いて行く後から二人がつけていき、拳固を固めて十ばかり頭めがけてポカポカと打ち下ろした。しかし、六助は何事もなかったように平気で行きすぎた。今度は、五人が走り寄り、五十ばかり拳を打ち下ろした。しかし、六助は黙って平気で歩いていく。それならばということで、総勢十人が打ちかかってさんざんに殴りつけた。しかし、六助は怒った様子もなく泰然自若として歩いていった。

さすがに悪党どももこれには参った。「さてさて、六助どのはいかなる術でかくまで堪忍ができるんじゃ。五つや十なら堪忍もできようが、幾百となく続けざまに打たれても、顔色一つ変えないのは、人間業とは思えない。この上は、我々の罪を許し、どうか堪忍の仕様を教えくだされ」と平謝りした。

六助は答えた。「何も難しいことはありません。頭を五百回たたかれても、堪忍するのはたった一つずつです」

ストレスは優先順位をつけて解消

堪忍とは、身体的・精神的苦痛をがまんすること、こらえることである。身体的・精神的苦痛はストレスと言いかえてもいい。

私たちは日々の生活の中で、多かれ少なかれストレスを感じている。堪忍六助が堪忍をためなかったように、**私たちはストレスをためこまないことが大事だ。**ストレスをためこまないとは、ストレスを先送りしないこと、できるだけ一つずつその場その場で処理していくことである。ストレスは一日単位で処理するのが良い。たまったストレスは週末にまとめて発散しようという考えは望ましくない。

具体的な方策を考えてみよう。ストレスをためやすい人は、ストレスの原因となる問題点を横に並べる傾向を持っている。横に並べるということは、それらを同列に扱うということである。問題が羅列されているだけで、整理整頓されていない状態になっている。こういう状態になっていると、問題を解決していく速度よりも、ストレスがたまっていく速度の方が上回り、どんどんストレスが山積みになっていく。

それに対して、ストレスをためこまない人は、ストレスの原因となる問題点を縦に並べる傾向にある。大きなストレスの原因となる問題点の中から、小さな労力で解消できそうなものを一番上に、その真逆を一番下にというように配列し、上から順に片付けていく。こうすれば、ストレスがたまっていく速度よりも、問題を解決していく速度が上回るので、ストレスが山積みになることはない。

もちろん、ストレスをためるためない以前に、ストレスを感じる度合いが少ないのに越したことはない。ポイントは二つ。一つは**完璧を求めないこと**だ。肩の力を抜いて「一〇〇点じゃなくても八〇点でいい」と思う。実は仕事では「一つの一〇〇点よりも二つの八〇点の方が重要」だということも多い。

もう一つは、**他者に助けを求めること**だ。人間は不思議なことに他人を助けたときに幸福感を得る。なぜならば「誰かの力になれた」ことによって自分が有能であることを再確認できるからだ。したがって、自分が困っているときは周りに助けを求めよう。躊躇する必要はない。助けを求めることは、相手が幸福になるための「人助け」なんだから。

№76

ロバと親子

町にある市場でロバを売るため、親子とロバが田舎道を歩いていた。すると、道ばたで井戸水を汲んでいた女の子たちがそれを見て言った。「なんて馬鹿な人たちでしょう。どっちか一人がロバに乗ればいいのにさあ。二人ともほこりをかぶってとぼとぼ歩いているのに、ロバはあんなに気楽に歩いているわ」。親父さんはその通りだと思い、息子をロバの背中に乗せた。

しばらく行くと、老人たちがたき火をしているところに来た。老人の一人がこう言った。
「今時の若い者は年寄りを大切にしない。ごらんよ、年をとった親父さんが疲れた様子で歩いているのに、あの子はロバに乗って平気な様子じゃないか」。親父さんはこれを聞いて「それもそうだな」と思った。そして、息子を下ろして、自分がロバに乗った。

しばらく行くと、子どもを抱いた三人の女たちに会った。一人の女がこう言った。「まったく恥ずかしいことだよ。子どもがあんなに疲れた様子なのに、どうして歩かせておけるんだよ。自分は王様みたいにロバに乗ってさ」。

そこで親父さんは、息子を鞍の上に引き上げて自分の前に乗せた。

しばらく行くと、数人の若者たちに出くわした。一人の若者がこう言った。「君たちはどうかしているんじゃないか。その小さなロバに二人が乗るなんていうのは無慈悲だよ。動物虐待だと言われても仕方がない」。その通りだと思った二人は、ロバから下りた。そして、親父さんは言った。「こうなったら、二人でロバを担いでいくしかない」

二人はロバの後足と前足をそれぞれ綱で縛って、道ばたにあった丈夫そうな棒をその間に通した。子どもが棒の片方を、親父さんが棒のもう片方を持って、えんやえんやと担いで歩いていった。町の人たちはこの様子を見て、手をたたいて笑った。

嫌われることは自由の証

この寓話の教訓は「全ての人に好かれることはできない」ということである。どうしてそういうことが言えるのか。

世の中にはいろんな人がいる。その人はその人の立場でものを言う。この寓話では、女の子の立場、老人の立場、三人の女の立場、若者の立場など、それぞれがそれぞれの立場で親子に自分の思いをぶつけている。もちろん、それぞれの助言に一理あることは認めよう。しかし、一理あるにすぎないのである。

もう少し、別の角度から考えてみる。「全ての人に好かれることはできない」という教訓は「誰かに嫌われることを恐れてはいけない」という教訓に変換できる。

内股膏薬という四文字熟語を思い出そう。内股に貼った膏薬が右側についたり左側についたりするところから、しっかりした意見や主張がなくて都合しだいで立場を変えること、または、そのような人物やあてにできない人物のことを言う。この親子はまさにそういう状態に陥っている。組織の中で仕事をしていると、こういう内股膏薬状態に陥ってしまうことも少なくない。

大げさに言えば、この親子は「人間としての自由」を放棄している。**自分のことを嫌う人がいるということは、自分が自由に生きるための代償であり、自分が自由に生きていることの証拠である。**他者に嫌われてもかまわないと思うこと、他者の評価を気にしないことが、自由に生きるための出発点になる。

「全ての人に好かれることはできない」という格言から連想するのは、「全てを手に入れることはできない」という格言である。字幕翻訳家の戸田奈津子は自分の人生を次のように振り返っている（『読売新聞』二〇一七年八月八日朝刊）。

「結婚はせず、こどももいない――。振り返れば捨ててきたことも多く、好きなことを追い続けた自分を『卑怯だったかな』と思う時もありますが、『You cannot have everything（全てを手に入れることはできない）』と悟っています」

こんなことも言う人もいる。選ぶとは、何かを選んで、何かを捨てることだ。両方を選ぼうとして、どちらも失ってしまうことがしばしばある。

なるほど、それはそれで一つの考え方である。しかし、どれか一つを選ぶなんてできない、全て欲しいと思うのが人情である。たとえば、仕事と家庭と趣味をどう両立させていくかを考えるとき、どれか一つをとれと言われても困るし、できれば全てを欲しいと思うのではないか。

そういうときにはどういう実用的な助言が可能だろうか。

一つは、全てを手に入れるのは同時でなくてもいいということ。「全てを手に入れる」という目標を「長い時間軸で追う」ということだ。

もう一つは、完全なものを手に入れることを望まないことだ。少しだけ雑になること、良い意味で適当になること、そしてほどほどのところで満足することだ。この二つの法則を守れば、全てを手に入れることも不可能ではない。健闘を祈る！

№77

一休和尚の遺言

一休和尚が臨終の時、「仏教が滅びるか、大徳寺が潰れるかというような一大事が生じたら、この箱を開けなさい」と遺言を述べて、一つの箱を弟子に手渡した。

それから長い歳月が経過し、大徳寺の存続に関わる重大な問題が起きた。にっちもさっちもいかなくなったとき、和尚の遺言を思い出し、寺僧全員が集まって厳かに箱を開けることにした。

中に入っていたのは一枚の紙だった。そこに書かれていたのは「なるようになる。心配するな」という一文だった。

「なるようになる」、でもその前に……

最後に出てくる「なるようになる。心配するな」という言葉は、「どうせ、なるようにしかならないんだから、心配なんかしてもしょうがない」というようなニュアンスとは違う。最初から結果は決まっているのだから、あくせく無駄な努力をしても仕方がない、あれこれ心配してもしょうがないというメッセージではないのだ。

私は次のように考える。「なるようになる。心配するな」という言葉の前には「なすことをなせ」というメッセージが前提として隠れているのではないか。省略している一文を補えば、最後の文章は「なすことをなせ。そうすれば、なるようになる。だから、心配するな」となる。

「なる」と「なす」は対になる言葉である。二つに共通する「な」の字は「生」であり、その意味は「発生」である。英語で言えば「happen」であって、事態の成立を表す言葉である点では両者は同じである。異なっているのは「す」と「る」である。

「す」は使役の助動詞なので、「なす（＝someone makes things happen）」は意志に裏打ちされた行為を表す。一方、「る」は自発助動詞なので、「なる（＝things just happen）」は自然的な出来事を表す。前者は「変えられること」「力の及ぶこと」「コントロールできること」（人為）であり、後者は「変えられないこと」「力の及ばないこと」「コントロールできないこと」（自然）というように対応している。

一大事を前にしたとき、なすべきことをせずに「なるようになる」と手をこまねいているだけでは駄目だ。腕組みをしたまま、過ぎ去ったことを思い出して悔やんでみたり、来るか来ないか分からない未来のことを思い煩ってみたりしても仕方がない。

そうではなく、なすべきことをなさねばならない。みんなで知恵を出し合い、目の前にあることで自分たちにできることを一つずつ片づけていく。そうすれば、自ずと事態は好転していくに違いない。自分たちの力が及ばないことはどうしようもないにせよ、自分たちの力が及ぶことについては、みんなの知恵と汗を結集して全力を尽くす。あとは「なるようになる」――つまり、なることはなるし、ならないことはならない。ここだけは、自分たちの力の及ばぬ領域だから、心配しても仕方がないのである。それはどっちに転んでも「はい、分かりました」と受け入れるしかない。

参考文献

第1章　視点と視野と視座

❖01「六人の盲人と象」：インターネット上に掲載されている文章をもとに著者がアレンジ。「一〇人の盲人と象」や「暗闇の中の象」という類話も存在する。

❖02「ラクダと水に浮かぶ棒きれ」：『ラ・フォンテーヌ寓話』（今野一雄訳、岩波書店）。一部を省略。

❖03「オアシスの老人」：『癒しのことば』（中村慎一著、アルファポリス）

❖04「泣き婆さん」：『譬喩道話辞典（布教百科大辞典4）』（三井晶史・菅原法嶺編纂、東方書院）

❖05「アリとセミ」：『イソップ寓話集』（中務哲郎訳、岩波文庫）

❖06「山の木と雁」：『中国古代寓話集』（後藤基巳編訳、東洋文庫）の「役に立つと立たぬと」。一部を省略。原典は『荘子』の山木編に載っている話。

第2章　幅広い認識としなやかな思考

❖07「無知の知」：『哲学の歴史〈第1巻〉哲学誕生』（内山勝利編、中央公論新社）をもとに著者がアレンジ。

❖08「京の蛙と大阪の蛙」：『鳩翁道話』（柴田鳩翁著、東洋文庫）の「京の蛙と大阪の蛙」。一部を省略。

❖09「ナスルディンのカギ」：『H．ミンツバーグ経営論』（ヘンリー・ミンツバーグ著、DIAMONDハーバード・ビジネスレビュー編集部編訳、ダイヤモンド社）。原典はトルコの民話。

❖10「双子の運命」：『Q：次の2つから生きたい人生を選びなさい』（タル・ベン・シャハー著、成瀬まゆみ訳、大和書房）

❖11「目をなくしたカバ」：『Q：次の2つから生きたい人生を選びなさい』（タル・ベン・シャハー、成瀬まゆみ訳、大和書房）

第3章　思慮深さと正しい判断

❖12「墨子と占い師」：『墨子』（藪内清訳、東洋文庫）。一部を省略。

❖13「夫婦と三つの餅」：『譬喩道話辞典（布教百科大辞

典4）』（三井晶史・菅原法嶺編纂、東方書院）。原典は『百喩経』。

❖14「ラクダの頭」：『レグルス文庫 仏典動物記〈上〉』（第三文明社編集部編、第三文明社）

❖15「北風と太陽 ①」：『イソップ寓話集』（中務哲郎訳、岩波文庫）

❖16「北風と太陽 ②」：「北風と太陽」「フリー百科事典ウィキペディア日本語版」（http://ja.wikipedia.org/）。二〇一七年一〇月一二日九時（日本時間）をもとに筆者がアレンジ。

❖17「大きな岩と小さな岩」：『会社がなぜ消滅したか』（読売新聞社会部著、新潮文庫）。一部を省略。

第4章　聡明さと創造的な仕事

❖18「二人の商人」：『寓話道話おとぎ話　修養全集4』（野間清治編、大日本雄弁会講談社）

❖19「三杯の茶」：『武将感状記』（熊沢正興著、人物往来社）

❖20「2ズウォッティのモイシュ」：『お静かに、父が昼寝しております――ユダヤの民話』、（母袋夏生編訳、岩波少年文庫）

❖21「靴のセールスマン」：『コトラーのマーケティング・コンセプト』（フィリップ・コトラー著、恩藏直人訳、東洋経済新報社）。一部を省略の上、著者がアレンジ。原文では一人目のセールスマンは「ご用聞き（オーダー・テイカー）」、二人目のセールスマンは「販売員（セールス・パーソン）」、三人目のセールスマンは「マーケター」となっている。

❖22「鶏コレラ・ワクチンの発見」：『セレンディピティと近代医学』（モートン・マイヤーズ著、小林力訳、中央公論新社）をもとに著者がアレンジ。

第5章　強い組織の精神

❖23「悪者ぞろいの家」：『譬喩道話辞典（布教百科大辞典4）』（三井晶史・菅原法嶺編纂、東方書院）。

❖24「樽の中のワイン」：『お静かに、父が昼寝しております――ユダヤの民話』（母袋夏生編訳、岩波少年文庫）をもとに著者がアレンジ。この話のほか、「水になったワイン」「樽の中のミルク」「祭りの酒」など、様々な類話がある。村人以外の登場人物の役割もいくつかのパターンがあって、ここで紹介した新しいラビが赴任するという話の他、王様が狩りの途中で村に立ち寄る話、先生が学校をやめて故郷に帰る話など、様々である。

❖25「ひばりの引っ越し」：『トヨタの上司―強い現場を

つくる』（OJTソリューションズ編著、中経出版）。イソップ寓話の「雲雀と農夫」が変化した話だと思われる。

❖26「水槽の中のカマス」:『人生を豊かにする50の道話』（北山顕一著、リック）。

❖27「ゴーグルをつけろ」:『解決志向の実践マネジメント―問題にとらわれず、解決へ向かうことに焦点をあてる』（青木安輝著、河出書房新社）

第6章　働く姿勢と働く意味

❖28「ごましお頭と二人妻」:『イソップ寓話集』（中務哲郎訳、岩波文庫）。

❖29「与えられたタラント」:『キリスト教の寓話〈下〉』（木間瀬精三・助野健太郎他編集、宝文館）の「与えられたタレント」。原典は「マタイによる福音書」の二五章一四〜三〇節。

❖30「ぶどう畑の雇われ人」:『キリスト教の寓話〈下〉』（木間瀬精三・助野健太郎他編集、宝文館）の「ぶどう畑のやとわれびと」。原典は「マタイによる福音書」の二五章一〜一六節。

❖31「三人のレンガ職人」:インターネット上に掲載されている文章をもとに著者がアレンジ。『マネジメント（下）』（ドラッカー、ダイヤモンド社）の中に出てくる話も類話としてよく知られている。

❖32「子どもをしかる父親」:インターネット上に掲載されている文章をもとに著者がアレンジ。

❖33「効率の悪い畑仕事」:『春秋戦国の処世術』（松本馨著、講談社現代新書）の「効率の悪い畑仕事」。原典は『荘子』の天地編に載っている話。

第7章　正義の心と共同体

❖34「天国と地獄の長い箸」:『ほとけの子』（青柳鶴子著、法蔵館）。「長いスプーンの話」という類話もよく知られている。

❖35「西瓜泥棒」:『俗通　教育道話』（安藝喜代香編纂、大日本雄辯会講談社）

❖36「百万分の一の命」:『こころのチキンスープ』（ジャック・キャンフィールド、マーク・V・ハンセン著、木村真理・土屋繁樹訳、ダイヤモンド社）

❖37「キツネとクマ」:『世界中から集めた深い知恵の話100』（マーガレット・シルフ編、中村妙子訳、女子パウロ会）

❖38「スープの石」:『世界中から集めた深い知恵の話100』（マーガレット・シルフ編、中村妙子訳、女子パウロ会）

第8章　科学技術と社会の関わり

❖ 39「カエルとサソリ」：インターネット上に掲載されている文章をもとに著者がアレンジ。映画『クライング・ゲーム』（一九九二年）の中にも出てくる寓話であり、イソップ寓話の「カエルとネズミ」を変形した話だと言われている。
❖ 40「猿と井戸の月」：『譬喩道話辞典（布教百科大辞典4）』（三井晶史・菅原法嶺編纂、東方書院）
❖ 41「魔法使いの弟子」：『母と子のおやすみまえの小さなお話365（新版）』（千葉幹夫編著、ナツメ社）
❖ 42「水車小屋の男」：『人生論』（トルストイ著、米川和夫訳、角川文庫）

第9章　人生の道理と「有り難う」

❖ 43「二人の旅人と熊」：『イソップ寓話集』（中務哲郎訳、岩波文庫）
❖ 44「二匹のヤマアラシ」：『ショーペンハウアー　随感録《新装復刊》』（秋山英夫訳、白水社）をもとに著者がアレンジ。
❖ 45「狩人と鳥」：『ユダヤの民話〈上〉』（ピンハス・サデー編、秦剛平訳、青土社）。
❖ 46「盲亀浮木」：『幸せの遺伝子』（村上和雄著、育鵬社）。原典は『雑阿含経』。
❖ 47「ファミリー・クリスマス」：『ナショナル・ストーリー・プロジェクトー』（ポール・オースター編、柴田元幸他訳、新潮社）

第10章　欲望との付き合い方

❖ 48「倒れるまで」：『譬喩道話辞典（布教百科大辞典4）』（三井晶史・菅原法嶺編纂、東方書院）。原典は『大荘厳論経　一五』。
❖ 49「コスタリカの漁師とアメリカ人旅行者」：『大失敗！　―成功企業が陥った戦略ミステイクの教訓』（ジャック・トラウト著、島田陽介訳、ダイヤモンド社）
❖ 50「三つの願い事」：『ドイツ炉辺ばなし集』（ヨハン・ペーター・ヘーベル作、木下康光編訳、岩波文庫）。原文を要約。
❖ 51「地獄」：『キリスト教と笑い』（宮田光雄著、岩波新書）

第11章　学びの心得と学ぶ理由

❖52「がんばる木こり」:『寓話セラピー～目からウロコの51話』（ホルヘ・ブカイ著、麓愛弓訳、めるくまーる）
❖53「半分の煎餅」:『仏教の寓話』（野村耀昌編、宝文館）。原典は『百喩経』。
❖54「空の茶碗」:『人生に知恵と勇気を与えてくれる33の寓話』（ジェーン・ヨーレン著、深井照一訳、東京書籍）
❖55「馬と蟻の知恵」:『中国古代寓話集』（後藤基巳編訳、東洋文庫）。原典は『韓非子』の「説林・上」。一部を省略。

第12章　挑戦と持続可能性

❖56「象と鎖」:『皮肉屋さんにも効く人生のクスリ』（サルマンソン・カレン著、高橋裕子訳、ヴォイス）
❖57「吊された愚か者」:『皮肉屋さんにも効く人生のクスリ』（サルマンソン・カレン著、高橋裕子訳、ヴォイス）
❖58「カエルの登山」:『人生を変える3分間の物語』（ミシェル・ピクマル著、橘明美訳、PHP研究所）
❖59「空を飛ぶ馬」:『ユダヤ商法』（マーヴィン・トケイヤー著、加瀬英明訳、日本経営合理化協会出版局）。
❖60「生クリームに落ちた三匹のカエル」:『ユダヤ商法』（マーヴィン・トケイヤー著、加瀬英明訳、日本経営合理化協会出版局）
❖61「塚原卜伝と弟子の会話」:『仏教法話大事典』（ひろさちや編著、鈴木出版）

第13章　自分の物語の描き方

❖62「海綿を背負ったロバと塩を背負ったロバ」:『教訓例話辞典』（有原末吉編、東京堂出版）。原話はラ・フォンテーヌの寓話であり、いくつかの類話がある。

❖63「三年寝太郎」:『子どもに聞かせる日本の民話（新訂）』（大川悦生著、実業之日本社）に収められている「三年寝太郎」を要約。日本全国に様々なバリエーションの話が残されている。

❖64「握り飯の近道」:『鳩翁道話』（柴田鳩翁・石川謙著、岩波文庫）

❖65「二人の禅僧」:『仏教法話大事典』（ひろさちや編著、鈴木出版）の『こだわり』のない禅僧」を著者がアレンジ。

❖66「人間万事塞翁が馬」:『中国古代寓話集』（後藤基巳編訳、東洋文庫）

第14章　生と死のつながり

❖67「閻魔王の七人の使者」:『完訳グリム童話集〈3〉』(池田香代子訳、講談社文芸文庫)の「死神の使い」、『お静かに、父が昼寝しております──ユダヤの民話』(母袋夏生編訳、岩波少年文庫)の「死神の使い」、『仏教法話大事典』(ひろさちや編著、鈴木出版)の「閻魔王の三人の使者」をもとに著者がアレンジ。

❖68「死の意味」と「生の意味」:『論語』(加地伸行訳、講談社学術文庫)

❖69「接ぎ木をする老僧」:『駿台雑話』(室鳩巣・森銑三著、岩波文庫)を著者が現代語訳。

❖70「四人の妻」:『仏教法話大事典』(ひろさちや編著、鈴木出版)と『心の疲れがとれる本─つらいとき苦しいときの生きる智恵』(公方俊良著、ダイヤモンド社)を参考に著者がアレンジ。四番目の妻の正体は前者では心、後者では徳となっている。原典は『雑阿含経』。

❖71「ヤゴとトンボ」:『続・死に方のコツ』(高柳和江著、飛鳥新社)。この本の中に、ウォルター・ダドリー・カーバードの作品の要約として紹介されている。

第15章　どんなときでも「ものは考えよう」

❖72「こぶで有難い」:『美談逸話辞典』(三井晶史・菅原法嶺編纂、高山堂書店)

❖73「ましての翁」:『修養全集　訓話説教演説集9』(野間清治編纂、大日本雄辯會講談社)

❖74「キツネとブドウ」:『イソップ寓話集』(中務哲郎訳、岩波文庫)

❖75「堪忍は一つ」:『美談逸話辞典』(三井晶史・菅原法嶺編纂、高山堂書店)

❖76「ロバと親子」:『教訓例話辞典』(有原末吉編、東京堂出版)。『ドイツ炉辺ばなし集─カレンダーゲシヒテン』(ヨハン・ペーター・ヘーベル作、木下康光編訳、岩波文庫)の「奇妙なロバの旅」や『イディッシュの民話』(ビアトリス・S・ヴァインライヒ編、青土社)の「世界中の人を喜ばす……」など、各地に様々な類話が存在する。

❖77「一休和尚の遺言」:「私の座右銘──なるようになる。心配するな」(内海倫、『月刊致知』二〇〇七年八月号)

ものの見方が変わる 座右の寓話

発行日 2017年12月15日 第1刷
2018年5月18日 第6刷

Author 戸田智弘

Book Designer 鈴木千佳子

Publication 株式会社ディスカヴァー・トゥエンティワン
〒102-0093 東京都千代田区平河町2-16-1 平河町森タワー11F
TEL 03-3237-8321(代表) FAX 03-3237-8323 http://www.d21.co.jp

Publisher 干場弓子

Editor 千葉正幸 渡辺基志

＊Marketing Group
Staff 小田孝文 井筒浩 千葉潤子 飯田智樹 佐藤昌幸 谷口奈緒美 古矢薫 蛯原昇 安永智洋 鍋田匠伴 榊原僚 佐竹祐哉 廣内悠理 梅本翔太 田中姫菜 橋本莉奈 川島理 庄司知世 谷中卓 小木曽礼丈 越野志絵良 佐々木玲奈 高橋雛乃

＊Productive Group
Staff 藤田浩芳 原典宏 林秀樹 三谷祐一 大山聡子 大竹朝子 堀部直人 林拓馬 塔下太朗 松石悠 木下智尋

＊E-Business Group
Staff 松原史与志 中澤泰宏 西川なつか 伊東佑真 牧野類 倉田華

＊Global & Public Relations Group
Staff 郭迪 田中亜紀 杉田彰子 奥田千晶 李瑋玲 連苑如

＊Operations & Accounting Group
Staff 山中麻吏 小関勝則 小田木もも 池田望 福永友紀

＊Assistant Staff
俵敬子 町田加奈子 丸山香織 小林里美 井澤徳子 藤井多穂子 藤井かおり 葛目美枝子 伊藤香 常徳すみ 鈴木洋子 石橋佐知子 伊藤由美 小川弘代 畑野衣見 森祐斗

Proofreader 文字工房燦光

DTP 株式会社RUHIA

Printing 株式会社厚徳社

ISBN978-4-7993-2204-8